P9-CFY-433

COLLECTION FOLIO

Eugène Ionesco

La Cantatrice chauve

ANTI-PIÈCE

suivi de

La Leçon

DRAME COMIQUE

Gallimard

La Cantatrice chauve

ANTI-PIÈCE

PERSONNAGES

M. SMITH	*Claude Mansard.*
Mme SMITH	*Paulette Frantz.*
M. MARTIN	*Nicolas Bataille.*
Mme MARTIN	*Simone Mozet.*
MARY, la bonne	*Odette Barrois.*
LE CAPITAINE DES POMPIERS	*Henry-Jacques Huet.*

La Cantatrice chauve *a été représentée pour la première fois au Théâtre des Noctambules, le 11 mai 1950, par la Compagnie Nicolas Bataille.*
   La mise en scène était de Nicolas Bataille.

SCÈNE I

Intérieur bourgeois anglais, avec des fauteuils anglais. Soirée anglaise. M. Smith, Anglais, dans son fauteuil et ses pantoufles anglais, fume sa pipe anglaise et lit un journal anglais, près d'un feu anglais. Il a des lunettes anglaises, une petite moustache grise, anglaise. À côté de lui, dans un autre fauteuil anglais, Mme Smith, Anglaise, raccommode des chaussettes anglaises. Un long moment de silence anglais. La pendule anglaise frappe dix-sept coups anglais.

Mme SMITH

Tiens, il est neuf heures Nous avons mangé de la soupe, du poisson, des pommes de terre au lard, de la salade anglaise. Les enfants ont bu de l'eau anglaise. Nous avons bien mangé, ce soir. C'est parce que nous habitons dans les environs de Londres et que notre nom est Smith.

M. SMITH, *continuant sa lecture,*
fait claquer sa langue.

Mᵐᵉ SMITH

Les pommes de terre sont très bonnes avec le lard, l'huile de la salade n'était pas rance. L'huile de l'épicier du coin est de bien meilleure qualité que l'huile de l'épicier d'en face, elle est même meilleure que l'huile de l'épicier du bas de la côte. Mais je ne veux pas dire que leur huile à eux soit mauvaise.

M. SMITH, *continuant sa lecture,*
fait claquer sa langue.

Mᵐᵉ SMITH

Pourtant, c'est toujours l'huile de l'épicier du coin qui est la meilleure...

M. SMITH, *continuant sa lecture,*
fait claquer sa langue.

Mᵐᵉ SMITH

Mary a bien cuit les pommes de terre, cette fois-ci. La dernière fois elle ne les avait pas bien fait cuire. Je ne les aime que lorsqu'elles sont bien cuites.

M. SMITH, *continuant sa lecture,*
fait claquer sa langue.

Mme SMITH

Le poisson était frais. Je m'en suis léché les
babines. J'en ai pris deux fois. Non, trois fois.
Ça me fait aller aux cabinets. Toi aussi tu en as
pris trois fois. Cependant, la troisième fois tu
en as pris moins que les deux premières fois,
tandis que moi j'en ai pris beaucoup plus. J'ai
mieux mangé que toi, ce soir. Comment ça se
fait ? D'habitude, c'est toi qui manges le plus.
Ce n'est pas l'appétit qui te manque.

M. SMITH, *fait claquer sa langue.*

Mme SMITH

Cependant, la soupe était peut-être un peu
trop salée. Elle avait plus de sel que toi. Ha !
ha ! ha ! Elle avait aussi trop de poireaux et pas
assez d'oignons. Je regrette de ne pas avoir con-
seillé à Mary d'y ajouter un peu d'anis étoilé.
La prochaine fois, je saurai m'y prendre.

M. SMITH, *continuant sa lecture,*
fait claquer sa langue.

Mme SMITH

Notre petit garçon aurait bien voulu boire de
la bière, il aimera s'en mettre plein la lampe, il

te ressemble. Tu as vu à table, comme il visait la bouteille ? Mais moi, j'ai versé dans son verre de l'eau de la carafe. Il avait soif et il l'a bue. Hélène me ressemble : elle est bonne ménagère, économe, joue du piano. Elle ne demande jamais à boire de la bière anglaise. C'est comme notre petite fille qui ne boit que du lait et ne mange que de la bouillie. Ça se voit qu'elle n'a que deux ans. Elle s'appelle Peggy.

La tarte aux coings et aux haricots a été formidable. On aurait bien fait peut-être de prendre, au dessert, un petit verre de vin de Bourgogne australien mais je n'ai pas apporté le vin à table afin de ne pas donner aux enfants une mauvaise preuve de gourmandise. Il faut leur apprendre à être sobre et mesuré dans la vie.

> M. SMITH, *continuant sa lecture,*
> *fait claquer sa langue.*

Mme SMITH

Mrs Parker connaît un épicier roumain, nommé Popesco Rosenfeld, qui vient d'arriver de Constantinople. C'est un grand spécialiste en yaourt. Il est diplômé de l'école des fabricants de yaourt d'Andrinople. J'irai demain lui acheter une grande marmite de yaourt roumain folklorique. On n'a pas souvent des choses pareilles ici, dans les environs de Londres.

M. SMITH, *continuant sa lecture,*
fait claquer sa langue.

Mme SMITH

Le yaourt est excellent pour l'estomac, les reins, l'appendicite et l'apothéose. C'est ce que m'a dit le docteur Mackenzie-King qui soigne les enfants de nos voisins, les Johns. C'est un bon médecin. On peut avoir confiance en lui. Il ne recommande jamais d'autres médicaments que ceux dont il a fait l'expérience sur lui-même. Avant de faire opérer Parker, c'est lui d'abord qui s'est fait opérer du foie, sans être aucunement malade.

M. SMITH

Mais alors comment se fait-il que le docteur s'en soit tiré et que Parker en soit mort ?

Mme SMITH

Parce que l'opération a réussi chez le docteur et n'a pas réussi chez Parker.

M. SMITH

Alors Mackenzie n'est pas un bon docteur. L'opération aurait dû réussir chez tous les deux ou alors tous les deux auraient dû succomber.

Mme SMITH

Pourquoi ?

M. SMITH

Un médecin consciencieux doit mourir avec
le malade s'ils ne peuvent pas guérir ensemble.
Le commandant d'un bateau périt avec le bateau, dans les vagues. Il ne lui survit pas.

Mme SMITH

On ne peut comparer un malade à un bateau.

M. SMITH

Pourquoi pas ? Le bateau a aussi ses mala-
dies ; d'ailleurs ton docteur est aussi sain qu'un
vaisseau ; voilà pourquoi encore il devait périr
en même temps que le malade comme le docteur et son bateau.

Mme SMITH

Ah ! Je n'y avais pas pensé... C'est peut-être
juste... et alors, quelle conclusion en tires-tu ?

M. SMITH

C'est que tous les docteurs ne sont que des
charlatans. Et tous les malades aussi. Seule la
marine est honnête en Angleterre.

Mme SMITH

Mais pas les marins.

M. SMITH

Naturellement.

Pause.

M. SMITH, *toujours avec son journal.*

Il y a une chose que je ne comprends pas. Pourquoi à la rubrique de l'état civil, dans le journal, donne-t-on toujours l'âge des personnes décédées et jamais celui des nouveau-nés ? C'est un non-sens.

Mme SMITH

Je ne me le suis jamais demandé !

> *Un autre moment de silence. La pendule sonne sept fois. Silence. La pendule sonne trois fois. Silence. La pendule ne sonne aucune fois.*

M. SMITH, *toujours dans son journal.*

Tiens, c'est écrit que Bobby Watson est mort.

Mme SMITH

Mon Dieu, le pauvre, quand est-ce qu'il est mort ?

M. SMITH

Pourquoi prends-tu cet air étonné ? Tu le savais bien. Il est mort il y a deux ans. Tu te rappelles, on a été à son enterrement, il y a un an et demi.

Mme SMITH

Bien sûr que je me rappelle. Je me suis rappelé tout de suite, mais je ne comprends pas pourquoi toi-même tu as été si étonné de voir ça sur le journal.

M. SMITH

Ça n'y était pas sur le journal. Il y a déjà trois ans qu'on a parlé de son décès. Je m'en suis souvenu par association d'idées !

Mme SMITH

Dommage ! Il était si bien conservé.

M. SMITH

C'était le plus joli cadavre de Grande-Bretagne ! Il ne paraissait pas son âge. Pauvre Bobby, il y avait quatre ans qu'il était mort et il était encore chaud. Un véritable cadavre vivant. Et comme il était gai !

Mme SMITH

La pauvre Bobby.

M. SMITH

Tu veux dire « le » pauvre Bobby.

Mme SMITH

Non, c'est à sa femme que je pense. Elle s'appelait comme lui, Bobby, Bobby Watson. Comme ils avaient le même nom, on ne pouvait pas les distinguer l'un de l'autre quand on les voyait ensemble. Ce n'est qu'après sa mort à lui, qu'on a pu vraiment savoir qui était l'un et qui était l'autre. Pourtant, aujourd'hui encore, il y a des gens qui la confondent avec le mort et lui présentent des condoléances. Tu la connais ?

M. SMITH

Je ne l'ai vue qu'une fois, par hasard, à l'enterrement de Bobby.

Mme SMITH

Je ne l'ai jamais vue. Est-ce qu'elle est belle ?

M. SMITH

Elle a des traits réguliers et pourtant on ne peut pas dire qu'elle est belle. Elle est trop grande et trop forte. Ses traits ne sont pas réguliers et pourtant on peut dire qu'elle est très

belle. Elle est un peu trop petite et trop maigre.
Elle est professeur de chant.

La pendule sonne cinq fois. Un long temps.

Mme SMITH

Et quand pensent-ils se marier, tous les deux ?

M. SMITH

Le printemps prochain, au plus tard.

Mme SMITH

Il faudra sans doute aller à leur mariage.

M. SMITH

Il faudra leur faire un cadeau de noces. Je
me demande lequel ?

Mme SMITH

Pourquoi ne leur offririons-nous pas un des
sept plateaux d'argent dont on nous a fait don
à notre mariage à nous et qui ne nous ont
jamais servi à rien ?

Court silence. La pendule sonne deux fois.

Mme SMITH

C'est triste pour elle d'être demeurée veuve
si jeune.

M. SMITH

Heureusement qu'ils n'ont pas eu d'enfants.

Mme SMITH

Il ne leur manquait plus que cela ! Des enfants ! Pauvre femme, qu'est-ce qu'elle en aurait
fait !

M. SMITH

Elle est encore jeune. Elle peut très bien se
remarier. Le deuil lui va si bien.

Mme SMITH

Mais qui prendra soin des enfants ? Tu sais
bien qu'ils ont un garçon et une fille. Comment
s'appellent-ils ?

M. SMITH

Bobby et Bobby comme leurs parents. L'oncle de Bobby Watson, le vieux Bobby Watson, est
riche et il aime le garçon. Il pourrait très bien se
charger de l'éducation de Bobby.

Mme SMITH

Ce serait naturel. Et la tante de Bobby Watson, la vieille Bobby Watson, pourrait très bien,
à son tour, se charger de l'éducation de Bobby
Watson, la fille de Bobby Watson. Comme ça, la

maman de Bobby Watson, Bobby, pourrait se remarier. Elle a quelqu'un en vue ?

M. SMITH

Oui, un cousin de Bobby Watson

Mme SMITH

Qui ? Bobby Watson ?

M. SMITH

De quel Bobby Watson parles-tu ?

Mme SMITH

De Bobby Watson, le fils du vieux Bobby Watson, l'autre oncle de Bobby Watson, le mort.

M. SMITH

Non, ce n'est pas celui-là, c'est un autre. C'est Bobby Watson, le fils de la vieille Bobby Watson, la tante de Bobby Watson, le mort.

Mme SMITH

Tu veux parler de Bobby Watson, le commis-voyageur ?

M. SMITH

Tous les Bobby Watson sont commis-voyageurs.

Mᵐᵉ SMITH

Quel dur métier ! Pourtant, on y fait de bonnes affaires.

M. SMITH

Oui, quand il n'y a pas de concurrence.

Mᵐᵉ SMITH

Et quand n'y a-t-il pas de concurrence ?

M. SMITH

Le mardi, le jeudi et le mardi.

Mᵐᵉ SMITH

Ah ! trois jours par semaine ? Et que fait Bobby Watson pendant ce temps-là ?

M. SMITH

Il se repose, il dort.

Mᵐᵉ SMITH

Mais pourquoi ne travaille-t-il pas pendant ces trois jours s'il n'y a pas de concurrence ?

M. SMITH

Je ne peux pas tout savoir. Je ne peux pas répondre à toutes tes questions idiotes !

Mᵐᵉ SMITH, *offensée*

Tu dis ça pour m'humilier ?

M. SMITH, *tout souriant*

Tu sais bien que non.

Mᵐᵉ SMITH

Les hommes sont tous pareils ! Vous restez là, toute la journée, la cigarette à la bouche ou bien vous vous mettez de la poudre et vous fardez vos lèvres, cinquante fois par jour, si vous n'êtes pas en train de boire sans arrêt !

M. SMITH

Mais qu'est-ce que tu dirais si tu voyais les hommes faire comme les femmes, fumer toute la journée, se poudrer, se mettre du rouge aux lèvres, boire du whisky ?

Mᵐᵉ SMITH

Quant à moi, je m'en fiche ! Mais si tu dis ça pour m'embêter, alors... je n'aime pas ce genre de plaisanterie, tu le sais bien !

> *Elle jette les chaussettes très loin et montre ses dents. Elle se lève*.

* Dans la mise en scène de Nicolas Bataille, Mᵐᵉ Smith ne montrait pas ses dents, ne jetait pas très loin les chaussettes.

M. SMITH, *se lève à son tour
et va vers sa femme, tendrement.*

Oh ! mon petit poulet rôti, pourquoi craches-
tu du feu ! tu sais bien que je dis ça pour rire ! *(Il la prend par la taille et l'embrasse.)* Quel ridicule couple de vieux amoureux nous faisons ! Viens, nous allons éteindre et nous allons faire dodo !

SCÈNE II

LES MÊMES ET MARY

MARY, *entrant.*

Je suis la bonne. J'ai passé un après-midi très agréable. J'ai été au cinéma avec un homme et j'ai vu un film avec des femmes. À la sortie du cinéma, nous sommes allés boire de l'eau-de-vie et du lait et puis on a lu le journal.

Mme SMITH

J'espère que vous avez passé un après-midi très agréable, que vous êtes allée au cinéma avec un homme et que vous avez bu de l'eau-de-vie et du lait.

M. SMITH

Et le journal !

MARY

Mᵐᵉ et M. Martin, vos invités, sont à la porte.
Ils m'attendaient. Ils n'osaient pas entrer tout
seuls. Ils devaient dîner avec vous, ce soir.

Mᵐᵉ SMITH

Ah oui. Nous les attendions. Et on avait faim.
Comme on ne les voyait plus venir, on allait
manger sans eux. On n'a rien mangé, de toute
la journée. Vous n'auriez pas dû vous absenter !

MARY

C'est vous qui m'avez donné la permission.

M. SMITH

On ne l'a pas fait exprès !

MARY, *éclate de rire.*
Puis, elle pleure. Elle sourit.

Je me suis acheté un pot de chambre.

Mᵐᵉ SMITH

Ma chère Mary, veuillez ouvrir la porte et faites entrer M. et Mᵐᵉ Martin, s'il vous plaît. Nous
allons vite nous habiller.

Mᵐᵉ et M. Smith sortent à droite.
Mary ouvre la porte à gauche par
laquelle entrent M. et Mᵐᵉ Martin.

SCÈNE III

MARY, LES ÉPOUX MARTIN

MARY

Pourquoi êtes-vous venus si tard ! Vous n'êtes pas polis. Il faut venir à l'heure. Compris ? Asseyez-vous quand même là, et attendez, maintenant.

Elle sort.

SCÈNE IV

LES MÊMES, MOINS MARY

Mme et M. Martin s'assoient l'un en face de l'autre, sans se parler. Ils se sourient, avec timidité.

M. MARTIN (*le dialogue qui suit doit être dit d'une voix traînante, monotone, un peu chantante, nullement nuancée*)*.

Mes excuses, madame, mais il me semble, si je ne me trompe, que je vous ai déjà rencontrée quelque part.

* Dans la mise en scène de Nicolas Bataille, ce dialogue était dit et joué sur un ton et dans un style sincèrement tragiques.

Mme MARTIN

À moi aussi, monsieur, il me semble que je vous ai déjà rencontré quelque part.

M. MARTIN

Ne vous aurais-je pas déjà aperçue, madame, à Manchester, par hasard ?

Mme MARTIN

C'est très possible. Moi, je suis originaire de la ville de Manchester ! Mais je ne me souviens pas très bien, monsieur, je ne pourrais pas dire si je vous y ai aperçu, ou non !

M. MARTIN

Mon Dieu, comme c'est curieux ! Moi aussi je suis originaire de la ville de Manchester, madame !

Mme MARTIN

Comme c'est curieux !

M. MARTIN

Comme c'est curieux !... Seulement, moi, madame, j'ai quitté la ville de Manchester, il y a cinq semaines, environ*.

---

* L'expression « environ » était remplacée, à la représentation, par « en ballon », malgré une très vive opposition de l'auteur.

Mme MARTIN

Comme c'est curieux ! quelle bizarre coïncidence ! Moi aussi, monsieur, j'ai quitté la ville de Manchester, il y a cinq semaines, environ.

M. MARTIN

J'ai pris le train d'une demie après huit le matin, qui arrive à Londres à un quart avant cinq, madame.

Mme MARTIN

Comme c'est curieux ! comme c'est bizarre ! et quelle coïncidence ! J'ai pris le même train, monsieur, moi aussi !

M. MARTIN

Mon Dieu, comme c'est curieux ! peut-être bien alors, madame, que je vous ai vue dans le train ?

Mme MARTIN

C'est bien possible, ce n'est pas exclu, c'est plausible et, après tout, pourquoi pas !... Mais je n'en ai aucun souvenir, monsieur !

M. MARTIN

Je voyageais en deuxième classe, madame. Il n'y a pas de deuxième classe en Angleterre, mais je voyage quand même en deuxième classe.

Mᵐᵉ MARTIN

Comme c'est bizarre, que c'est curieux, et
quelle coïncidence ! moi aussi, monsieur, je
voyageais en deuxième classe !

M. MARTIN

Comme c'est curieux ! Nous nous sommes
peut-être bien rencontrés en deuxième classe,
chère madame !

Mᵐᵉ MARTIN

La chose est bien possible et ce n'est pas du
tout exclu. Mais je ne m'en souviens pas très
bien, cher monsieur !

M. MARTIN

Ma place était dans le wagon n° 8, sixième
compartiment, madame !

Mᵐᵉ MARTIN

Comme c'est curieux ! ma place aussi était
dans le wagon n° 8, sixième compartiment, cher
monsieur !

M. MARTIN

Comme c'est curieux et quelle coïncidence
bizarre ! Peut-être nous sommes-nous rencon-

trés dans le sixième compartiment, chère madame ?

Mme MARTIN

C'est bien possible, après tout ! Mais je ne
m'en souviens pas, cher monsieur !

M. MARTIN

À vrai dire, chère madame, moi non plus je
ne m'en souviens pas, mais il est possible que
nous nous soyons aperçus là, et si j'y pense
bien, la chose me semble même très possible !

Mme MARTIN

Oh ! vraiment, bien sûr, vraiment, monsieur !

M. MARTIN

Comme c'est curieux !... J'avais la place n° 3,
près de la fenêtre, chère madame.

Mme MARTIN

Oh, mon Dieu, comme c'est curieux et
comme c'est bizarre, j'avais la place n° 6, près
de la fenêtre, en face de vous, cher monsieur.

M. MARTIN

Oh, mon Dieu, comme c'est curieux et quelle
coïncidence !... Nous étions donc vis-à-vis, chère
madame ! C'est là que nous avons dû nous voir !

Mme MARTIN

Comme c'est curieux ! C'est possible mais je ne m'en souviens pas, monsieur !

M. MARTIN

À vrai dire, chère madame, moi non plus je ne m'en souviens pas. Cependant, il est très possible que nous nous soyons vus à cette occasion.

Mme MARTIN

C'est vrai, mais je n'en suis pas sûre du tout, monsieur.

M. MARTIN

Ce n'était pas vous, chère madame, la dame qui m'avait prié de mettre sa valise dans le filet et qui ensuite m'a remercié et m'a permis de fumer ?

Mme MARTIN

Mais si, ça devait être moi, monsieur ! Comme c'est curieux, comme c'est curieux, et quelle coïncidence !

M. MARTIN

Comme c'est curieux, comme c'est bizarre, quelle coïncidence ! Eh bien alors, alors, nous nous sommes peut-être connus à ce moment-là, madame ?

Mᵐᵉ MARTIN

Comme c'est curieux et quelle coïncidence ! c'est bien possible, cher monsieur ! Cependant, je ne crois pas m'en souvenir.

M. MARTIN

Moi non plus, madame.

Un moment de silence. La pendule sonne 2-1.

M. MARTIN

Depuis que je suis arrivé à Londres, j'habite rue Bromfield, chère madame.

Mᵐᵉ MARTIN

Comme c'est curieux, comme c'est bizarre ! moi aussi, depuis mon arrivée à Londres j'habite rue Bromfield, cher monsieur.

M. MARTIN

Comme c'est curieux, mais alors, mais alors, nous nous sommes peut-être rencontrés rue Bromfield, chère madame.

Mᵐᵉ MARTIN

Comme c'est curieux ; comme c'est bizarre ! c'est bien possible, après tout ! Mais je ne m'en souviens pas, cher monsieur.

M. MARTIN

Je demeure au n° 19, chère madame.

Mᵐᵉ MARTIN

Comme c'est curieux, moi aussi j'habite au n° 19, cher monsieur.

M. MARTIN

Mais alors, mais alors, mais alors, mais alors, mais alors, nous nous sommes peut-être vus dans cette maison, chère madame ?

Mᵐᵉ MARTIN

C'est bien possible, mais je ne m'en souviens pas, cher monsieur.

M. MARTIN

Mon appartement est au cinquième étage, c'est le n° 8, chère madame.

Mᵐᵉ MARTIN

Comme c'est curieux, mon Dieu, comme c'est bizarre ! et quelle coïncidence ! moi aussi j'habite au cinquième étage, dans l'appartement n° 8, cher monsieur !

M. MARTIN, *songeur.*

Comme c'est curieux, comme c'est curieux, comme c'est curieux et quelle coïncidence !

vous savez, dans ma chambre à coucher j'ai un
lit. Mon lit est couvert d'un édredon vert. Cette
chambre, avec ce lit et son édredon vert, se
trouve au fond du corridor, entre les water et la
bibliothèque, chère madame !

Mme MARTIN

Quelle coïncidence, ah mon Dieu, quelle
coïncidence ! Ma chambre à coucher a, elle
aussi, un lit avec un édredon vert et se trouve
au fond du corridor, entre les water, cher monsieur, et la bibliothèque !

M. MARTIN

Comme c'est bizarre, curieux, étrange ! alors,
madame, nous habitons dans la même chambre
et nous dormons dans le même lit, chère madame. C'est peut-être là que nous nous sommes
rencontrés !

Mme MARTIN

Comme c'est curieux et quelle coïncidence !
C'est bien possible que nous nous y soyons ren-
contrés, et peut-être même la nuit dernière.
Mais je ne m'en souviens pas, cher monsieur !

M. MARTIN

J'ai une petite fille, ma petite fille, elle habite
avec moi, chère madame. Elle a deux ans, elle
est blonde, elle a un œil blanc et un œil rouge,

elle est très jolie, elle s'appelle Alice, chère madame.

Mme MARTIN

Quelle bizarre coïncidence ! moi aussi j'ai une petite fille, elle a deux ans, un œil blanc et un œil rouge, elle est très jolie et s'appelle aussi Alice, cher monsieur !

M. MARTIN, *même voix traînante, monotone.*

Comme c'est curieux et quelle coïncidence ! et bizarre ! c'est peut-être la même, chère madame !

Mme MARTIN

Comme c'est curieux ! c'est bien possible, cher monsieur.

Un assez long moment de silence...
La pendule sonne vingt-neuf fois.

M. MARTIN, *après avoir longuement réfléchi,*
se lève lentement et, sans se presser,
se dirige vers Mme Martin qui,
surprise par l'air solennel de M. Martin,
s'est levée, elle aussi, tout doucement ;
M. Martin a la même voix rare,
monotone, vaguement chantante.

Alors, chère madame, je crois qu'il n'y a pas de

doute, nous nous sommes déjà vus et vous êtes
ma propre épouse... Élisabeth, je t'ai retrouvée !

>   Mme MARTIN *s'approche de M. Martin*
> *sans se presser. Ils s'embrassent sans expression.*
> *La pendule sonne une fois, très fort.*
> *Le coup de la pendule doit être si fort*
> *qu'il doit faire sursauter les spectateurs.*
> *Les époux Martin ne l'entendent pas.*

Mme MARTIN

Donald, c'est toi, *darling* !

>   *Ils s'assoient dans le même fauteuil,*
> *se tiennent embrassés et s'endorment.*
> *La pendule sonne encore plusieurs*
> *fois. Mary, sur la pointe des pieds, un*
> *doigt sur les lèvres, entre doucement*
> *en scène et s'adresse au public.*

SCÈNE V

LES MÊMES ET MARY

MARY

Élisabeth et Donald sont, maintenant, trop
heureux pour pouvoir m'entendre. Je puis
donc vous révéler un secret. Élisabeth n'est pas

Élisabeth, Donald n'est pas Donald. En voici la preuve : l'enfant dont parle Donald n'est pas la fille d'Élisabeth, ce n'est pas la même personne. La fillette de Donald a un œil blanc et un autre rouge tout comme la fillette d'Élisabeth. Mais tandis que l'enfant de Donald a l'œil blanc à droite et l'œil rouge à gauche, l'enfant d'Élisabeth, lui, a l'œil rouge à droite et le blanc à gauche ! Ainsi tout le système d'argumentation de Donald s'écroule en se heurtant à ce dernier obstacle qui anéantit toute sa théorie. Malgré les coïncidences extraordinaires qui semblent être des preuves définitives, Donald et Élisabeth n'étant pas les parents du même enfant ne sont pas Donald et Élisabeth. Il a beau croire qu'il est Donald, elle a beau se croire Élisabeth. Il a beau croire qu'elle est Élisabeth. Elle a beau croire qu'il est Donald : ils se trompent amèrement. Mais qui est le véritable Donald ? Quelle est la véritable Élisabeth ? Qui donc a intérêt à faire durer cette confusion ? Je n'en sais rien. Ne tâchons pas de le savoir. Laissons les choses comme elles sont. (*Elle fait quelques pas vers la porte, puis revient et s'adresse au public.*) Mon vrai nom est Sherlock Holmes.

Elle sort.

SCÈNE VI

LES MÊMES SANS MARY

La pendule sonne tant qu'elle veut. Après de nombreux instants, Mme et M. Martin se séparent et reprennent les places qu'ils avaient au début.

M. MARTIN

Oublions, darling, tout ce qui ne s'est pas passé entre nous et, maintenant que nous nous sommes retrouvés, tâchons de ne plus nous perdre et vivons comme avant.

Mme MARTIN

Oui, *darling*.

SCÈNE VII

LES MÊMES ET LES SMITH

Mme et M. Smith entrent à droite, sans aucun changement dans leurs vêtements.

Mme SMITH

Bonsoir, chers amis ! excusez-nous de vous avoir fait attendre si longtemps. Nous avons pensé qu'on devait vous rendre les honneurs auxquels vous avez droit et, dès que nous avons appris que vous vouliez bien nous faire le plaisir de venir nous voir sans annoncer votre visite, nous nous sommes dépêchés d'aller revêtir nos habits de gala.

M. SMITH, *furieux.*

Nous n'avons rien mangé toute la journée. Il y a quatre heures que nous vous attendons. Pourquoi êtes-vous venus en retard ?

> *Mme et M. Smith s'assoient en face des visiteurs. La pendule souligne les répliques, avec plus ou moins de force, selon le cas.*
>
> *Les Martin, elle surtout, ont l'air embarrassé et timide. C'est pourquoi la conversation s'amorce difficilement et les mots viennent, au début, avec peine. Un long silence gêné au début, puis d'autres silences et hésitations par la suite.*

M. SMITH

Hm.

Silence.

Mme SMITH

Hm, hm.

Silence.

Mme MARTIN

Hm, hm, hm.

Silence.

M. MARTIN

Hm, hm, hm, hm.

Silence.

Mme MARTIN

Oh, décidément.

Silence.

M. MARTIN

Nous sommes tous enrhumés.

Silence.

M. SMITH

Pourtant il ne fait pas froid.

Silence.

Mme SMITH

Il n'y a pas de courant d'air.

Silence.

M. MARTIN

Oh non, heureusement.

Silence.

M. SMITH

Ah, la la la la.

Silence.

M. MARTIN

Vous avez du chagrin ?

Silence.

Mme SMITH

Non. Il s'emmerde.

Silence.

Mme MARTIN

Oh, monsieur, à votre âge, vous ne devriez pas.

Silence.

M. SMITH

Le cœur n'a pas d'âge.

Silence.

M. MARTIN

C'est vrai.

Silence.

Mme SMITH

On le dit.

Silence.

Mme MARTIN

On dit aussi le contraire.

Silence.

M. SMITH

La vérité est entre les deux.

Silence.

M. MARTIN

C'est juste.

Silence.

Mme SMITH, *aux époux Martin.*

Vous qui voyagez beaucoup, vous devriez pourtant avoir des choses intéressantes à nous raconter.

M. MARTIN, *à sa femme.*

Dis, chérie, qu'est-ce que tu as vu aujourd'hui ?

Mme MARTIN

Ce n'est pas la peine, on ne me croirait pas.

M. SMITH

Nous n'allons pas mettre en doute votre bonne foi !

Mᵐᵉ SMITH

Vous nous offenseriez si vous le pensiez.

M. MARTIN, *à sa femme.*

Tu les offenserais, chérie, si tu le pensais...

Mᵐᵉ MARTIN, *gracieuse.*

Eh bien, j'ai assisté aujourd'hui à une chose extraordinaire. Une chose incroyable.

M. MARTIN

Dis vite, chérie.

M. SMITH

Ah, on va s'amuser.

Mᵐᵉ SMITH

Enfin !

Mᵐᵉ MARTIN

Eh bien, aujourd'hui, en allant au marché pour acheter des légumes qui sont de plus en plus chers...

Mᵐᵉ SMITH

Qu'est-ce que ça va devenir !

M. SMITH

Il ne faut pas interrompre, chérie, vilaine.

Mme MARTIN

J'ai vu, dans la rue, à côté d'un café, un monsieur convenablement vêtu, âgé d'une cinquantaine d'années, même pas, qui...

M. SMITH

Qui, quoi ?

Mme SMITH

Qui, quoi ?

M. SMITH, *à sa femme*

Faut pas interrompre, chérie, tu es dégoûtante.

Mme SMITH

Chéri, c'est toi, qui as interrompu le premier, mufle.

M. MARTIN

Chut. *(À sa femme.)* Qu'est-ce qu'il faisait, le monsieur ?

Mme MARTIN

Eh bien, vous allez dire que j'invente, il avait mis un genou par terre et se tenait penché.

M. MARTIN, M. SMITH, Mme SMITH

Oh !

Mme MARTIN

Oui, penché.

M. SMITH

Pas possible.

Mme MARTIN

Si, penché. Je me suis approchée de lui pour voir ce qu'il faisait...

M. SMITH

Eh bien ?

Mme MARTIN

Il nouait les lacets de sa chaussure qui s'étaient défaits.

LES TROIS AUTRES

Fantastique !

M. SMITH

Si ce n'était pas vous, je ne le croirais pas.

M. MARTIN

Pourquoi pas ? On voit des choses encore plus extraordinaires, quand on circule. Ainsi, aujourd'hui, moi-même, j'ai vu dans le métro, assis sur une banquette, un monsieur qui lisait tranquillement son journal.

Mme SMITH

Quel original !

M. SMITH

C'était peut-être le même !

On entend sonner à la porte d'entrée.

M. SMITH

Tiens, on sonne.

Mme SMITH

Il doit y avoir quelqu'un. Je vais voir. *(Elle va voir. Elle ouvre et revient.)* Personne.

Elle se rassoit.

M. MARTIN

Je vais vous donner un autre exemple...

Sonnette.

M. SMITH

Tiens, on sonne.

Mme SMITH

Ça doit être quelqu'un. Je vais voir. *(Elle va voir. Elle ouvre et revient.)* Personne.

Elle revient à sa place.

M. MARTIN, *qui a oublié où il en est.*

Euh !...

Mme MARTIN

Tu disais que tu allais donner un autre exemple.

M. MARTIN

Ah oui...

Sonnette.

M. SMITH

Tiens, on sonne.

Mme SMITH

Je ne vais plus ouvrir.

M. SMITH

Oui, mais il doit y avoir quelqu'un !

Mme SMITH

La première fois, il n'y avait personne. La deuxième fois, non plus. Pourquoi crois-tu qu'il y aura quelqu'un maintenant ?

M. SMITH

Parce qu'on a sonné !

Mme MARTIN

Ce n'est pas une raison.

M. MARTIN

Comment ? Quand on entend sonner à la porte, c'est qu'il y a quelqu'un à la porte, qui sonne pour qu'on lui ouvre la porte.

Mme MARTIN

Pas toujours. Vous avez vu tout à l'heure !

M. MARTIN

La plupart du temps, si.

M. SMITH

Moi, quand je vais chez quelqu'un, je sonne pour entrer. Je pense que tout le monde fait pareil et que chaque fois qu'on sonne c'est qu'il y a quelqu'un.

Mme SMITH

Cela est vrai en théorie. Mais dans la réalité les choses se passent autrement. Tu as bien vu tout à l'heure.

Mme MARTIN

Votre femme a raison.

M. MARTIN

Oh ! vous, les femmes, vous vous défendez toujours l'une l'autre.

Mme SMITH

Eh bien, je vais aller voir. Tu ne diras pas que je suis entêtée, mais tu verras qu'il n'y a personne ! *(Elle va voir. Elle ouvre la porte et la referme.)* Tu vois, il n'y a personne.

Elle revient à sa place.

Mme SMITH

Ah ! ces hommes qui veulent toujours avoir raison et qui ont toujours tort !

On entend de nouveau sonner[*].

M. SMITH

Tiens, on sonne. Il doit y avoir quelqu'un.

Mme SMITH, *qui fait une crise de colère.*

Ne m'envoie plus ouvrir la porte. Tu as vu que c'était inutile. L'expérience nous apprend que lorsqu'on entend sonner à la porte, c'est qu'il n'y a jamais personne.

---

* À la représentation tous les quatre se lèvent ensemble, brusquement, à ce nouveau coup de sonnette, alarmés. Ils se rassoient pendant que M. Smith va ouvrir.

Mᵐᵉ MARTIN

Jamais.

M. MARTIN

Ce n'est pas sûr.

M. SMITH

C'est même faux. La plupart du temps, quand on entend sonner à la porte, c'est qu'il y a quelqu'un.

Mᵐᵉ SMITH

Il ne veut pas en démordre.

Mᵐᵉ MARTIN

Mon mari aussi est très têtu.

M. SMITH

Il y a quelqu'un.

M. MARTIN

Ce n'est pas impossible.

Mᵐᵉ SMITH, *à son mari*

Non.

M. SMITH

Si.

Mme SMITH

Je te dis que non. En tout cas, tu ne me dérangeras plus pour rien. Si tu veux aller voir, vas-y toi-même !

M. SMITH

J'y vais.

> *Mme Smith hausse les épaules.*
> *Mme Martin hoche la tête.*

M. SMITH, *va ouvrir.*

Ah ! how do you do ! (*Il jette un regard à Mme Smith et aux époux Martin qui sont tous surpris.*) C'est le capitaine des pompiers !

SCÈNE VIII.

LES MÊMES,
LE CAPITAINE DES POMPIERS

LE POMPIER (*il a, bien entendu, un énorme casque qui brille et un uniforme*) : Bonjour, mesdames et messieurs. (*Les gens sont encore un peu étonnés. Mme Smith, fâchée, tourne la tête et ne répond pas à son salut.*) Bonjour, madame Smith. Vous avez l'air fâché.

Mᵐᵉ SMITH

Oh !

M. SMITH

C'est que, voyez-vous… ma femme est un peu humiliée de ne pas avoir eu raison.

M. MARTIN

Il y a eu, monsieur le Capitaine des pompiers, une controverse entre madame et monsieur Smith.

Mᵐᵉ SMITH, *à M. Martin.*

Ça ne vous regarde pas ! *(À M. Smith.)* Je te prie de ne pas mêler les étrangers à nos querelles familiales.

M. SMITH

Oh, chérie, ce n'est pas bien grave. Le Capitaine est un vieil ami de la maison. Sa mère me faisait la cour, son père, je le connaissais. Il m'avait demandé de lui donner ma fille en mariage quand j'en aurais une. Il est mort en attendant.

M. MARTIN

Ce n'est ni sa faute à lui ni la vôtre.

LE POMPIER

Enfin, de quoi s'agit-il ?

Mme SMITH

Mon mari prétendait...

M. SMITH

Non, c'est toi qui prétendais.

M. MARTIN

Oui, c'est elle.

Mme MARTIN

Non, c'est lui.

LE POMPIER

Ne vous énervez pas. Racontez-moi ça, madame Smith.

Mme SMITH

Eh bien, voilà. Ça me gêne beaucoup de vous parler franchement, mais un pompier est aussi un confesseur.

LE POMPIER

Eh bien ?

Mᵐᵉ SMITH

On se disputait parce que mon mari disait que lorsqu'on entend sonner à la porte, il y a toujours quelqu'un.

M. MARTIN

La chose est plausible.

Mᵐᵉ SMITH

Et moi, je disais que chaque fois que l'on sonne, c'est qu'il n'y a personne.

Mᵐᵉ MARTIN

La chose peut paraître étrange.

Mᵐᵉ SMITH

Mais elle est prouvée, non point par des démonstrations théoriques, mais par des faits.

M. SMITH

C'est faux, puisque le pompier est là. Il a sonné, j'ai ouvert, il était là.

Mᵐᵉ MARTIN

Quand ?

M. MARTIN

Mais tout de suite.

Mᵐᵉ SMITH

Oui, mais ce n'est qu'après avoir entendu sonner une quatrième fois que l'on a trouvé quelqu'un. Et la quatrième fois ne compte pas.

Mᵐᵉ MARTIN

Toujours. Il n'y a que les trois premières qui comptent.

M. SMITH

Monsieur le Capitaine, laissez-moi vous poser, à mon tour, quelques questions.

LE POMPIER

Allez-y.

M. SMITH

Quand j'ai ouvert et que je vous ai vu, c'était bien vous qui aviez sonné ?

LE POMPIER

Oui, c'était moi.

M. MARTIN

Vous étiez à la porte ? Vous sonniez pour entrer ?

LE POMPIER

Je ne le nie pas.

M. SMITH, *à sa femme, victorieusement.*

Tu vois ? j'avais raison. Quand on entend sonner, c'est que quelqu'un sonne. Tu ne peux pas dire que le Capitaine n'est pas quelqu'un.

Mme SMITH

Certainement pas. Je te répète que je te parle seulement des trois premières fois puisque la quatrième ne compte pas.

Mme MARTIN

Et quand on a sonné la première fois, c'était vous ?

LE POMPIER

Non, ce n'était pas moi.

Mme MARTIN

Vous voyez ? On sonnait et il n'y avait personne.

M. MARTIN

C'était peut-être quelqu'un d'autre ?

M. SMITH

Il y avait longtemps que vous étiez à la porte ?

LE POMPIER

Trois quarts d'heure.

M. SMITH

Et vous n'avez vu personne ?

LE POMPIER

Personne. J'en suis sûr.

Mᵐᵉ MARTIN

Est-ce que vous avez entendu sonner la deuxième fois ?

LE POMPIER

Oui, ce n'était pas moi non plus. Et il n'y avait toujours personne.

Mᵐᵉ SMITH

Victoire ! J'ai eu raison.

M. SMITH, *à sa femme.*

Pas si vite. *(Au pompier.)* Et qu'est-ce que vous faisiez à la porte ?

LE POMPIER

Rien. Je restais là. Je pensais à des tas de choses.

M. MARTIN, *au pompier*

Mais la troisième fois... ce n'est pas vous qui aviez sonné ?

LE POMPIER

Si, c'était moi.

M. SMITH

Mais quand on a ouvert, on ne vous a pas vu.

LE POMPIER

C'est parce que je me suis caché... pour rire.

Mme SMITH

Ne riez pas, monsieur le Capitaine. L'affaire est trop triste.

M. MARTIN

En somme, nous ne savons toujours pas si, lorsqu'on sonne à la porte, il y a quelqu'un ou non !

Mme SMITH

Jamais personne.

M. SMITH

Toujours quelqu'un.

LE POMPIER

Je vais vous mettre d'accord. Vous avez un peu raison tous les deux. Lorsqu'on sonne à la porte, des fois il y a quelqu'un, d'autres fois il n'y a personne.

M. MARTIN

Ça me paraît logique.

Mme MARTIN

Je le crois aussi.

LE POMPIER

Les choses sont simples, en réalité. *(Aux époux Smith.)* Embrassez-vous.

Mme SMITH

On s'est déjà embrassé tout à l'heure.

M. MARTIN

Ils s'embrasseront demain. Ils ont tout le temps.

Mme SMITH

Monsieur le Capitaine, puisque vous nous avez aidés à mettre tout cela au clair, mettez-vous à l'aise, enlevez votre casque et asseyez-vous un instant.

LE POMPIER

Excusez-moi, mais je ne peux pas rester long-temps. Je veux bien enlever mon casque, mais je n'ai pas le temps de m'asseoir. *(Il s'assoit, sans enlever son casque.)* Je vous avoue que je suis venu chez vous pour tout à fait autre chose. Je suis en mission de service.

Mme SMITH

Et qu'est-ce qu'il y a pour votre service, mon-sieur le Capitaine ?

LE POMPIER

Je vais vous prier de vouloir bien excuser mon indiscrétion *(très embarrassé)* ; euh *(il montre du doigt les époux Martin)*... puis-je... devant eux...

Mme MARTIN

Ne vous gênez pas.

M. MARTIN

Nous sommes de vieux amis. Ils nous racon-tent tout.

M. SMITH

Dites.

LE POMPIER

Eh bien, voilà. Est-ce qu'il y a le feu chez vous ?

Mme SMITH

Pourquoi nous demandez-vous ça ?

LE POMPIER

C'est parce que... excusez-moi, j'ai l'ordre d'éteindre tous les incendies dans la ville.

Mme MARTIN

Tous ?

LE POMPIER

Oui, tous.

Mme SMITH, *confuse.*

Je ne sais pas... je ne crois pas, voulez-vous que j'aille voir ?

M. SMITH, *reniflant.*

Il ne doit rien y avoir. Ça ne sent pas le roussi*.

LE POMPIER, *désolé.*

Rien du tout ? Vous n'auriez pas un petit feu de cheminée, quelque chose qui brûle dans le grenier ou dans la cave ? Un petit début d'incendie, au moins ?

---

* Dans la mise en scène de M. Nicolas Bataille, M. et Mme Martin reniflent aussi.

Mᵐᵉ SMITH

Écoutez, je ne veux pas vous faire de la peine mais je pense qu'il n'y a rien chez nous pour le moment. Je vous promets de vous avertir dès qu'il y aura quelque chose.

LE POMPIER

N'y manquez pas, vous me rendriez service.

Mᵐᵉ SMITH

C'est promis.

LE POMPIER, *aux époux Martin*

Et chez vous, ça ne brûle pas non plus ?

Mᵐᵉ MARTIN

Non, malheureusement.

M. MARTIN, *au pompier.*

Les affaires vont plutôt mal, en ce moment !

LE POMPIER

Très mal. Il n'y a presque rien, quelques bricoles, une cheminée, une grange. Rien de sérieux. Ça ne rapporte pas. Et comme il n'y a pas de rendement, la prime à la production est très maigre.

M. SMITH

Rien ne va. C'est partout pareil. Le commerce, l'agriculture, cette année c'est comme pour le feu, ça ne marche pas.

M. MARTIN

Pas de blé, pas de feu.

LE POMPIER

Pas d'inondation non plus.

Mme SMITH

Mais il y a du sucre.

M. SMITH

C'est parce qu'on le fait venir de l'étranger.

Mme MARTIN

Pour les incendies, c'est plus difficile. Trop de taxes !

LE POMPIER

Il y a tout de même, mais c'est assez rare aussi, une asphyxie au gaz, ou deux. Ainsi, une jeune femme s'est asphyxiée, la semaine dernière, elle avait laissé le gaz ouvert.

Mme MARTIN

Elle l'avait oublié ?

LE POMPIER

Non, mais elle a cru que c'était son peigne.

M. SMITH

Ces confusions sont toujours dangereuses !

Mme SMITH

Est-ce que vous êtes allé voir chez le marchand d'allumettes ?

LE POMPIER

Rien à faire. Il est assuré contre l'incendie.

M. MARTIN

Allez donc voir, de ma part, le vicaire de Wakefield !

LE POMPIER

Je n'ai pas le droit d'éteindre le feu chez les prêtres. L'Évêque se fâcherait. Ils éteignent leurs feux tout seuls ou bien ils le font éteindre par des vestales.

M. SMITH

Essayez voir chez Durand.

LE POMPIER

Je ne peux pas non plus. Il n'est pas anglais. Il est naturalisé seulement. Les naturalisés ont le droit d'avoir des maisons mais pas celui de les faire éteindre si elles brûlent.

Mme SMITH

Pourtant, quand le feu s'y est mis l'année dernière, on l'a bien éteint quand même !

LE POMPIER

Il a fait ça tout seul. Clandestinement. Oh, c'est pas moi qui irais le dénoncer.

M. SMITH

Moi non plus.

Mme SMITH

Puisque vous n'êtes pas trop pressé, monsieur le Capitaine, restez encore un peu. Vous nous feriez plaisir.

LE POMPIER

Voulez-vous que je vous raconte des anecdotes ?

Mme SMITH

Oh, bien sûr, vous êtes charmant.

Elle l'embrasse.

M. SMITH, Mme MARTIN, M. MARTIN

Oui, oui, des anecdotes, bravo !

Ils applaudissent.

M. SMITH

Et ce qui est encore plus intéressant, c'est que les histoires de pompier sont vraies, toutes, et vécues.

LE POMPIER

Je parle de choses que j'ai expérimentées moi-même. La nature, rien que la nature. Pas les livres.

M. MARTIN

C'est exact, la vérité ne se trouve d'ailleurs pas dans les livres, mais dans la vie.

Mme SMITH

Commencez !

M. MARTIN

Commencez !

Mme MARTIN

Silence, il commence.

LE POMPIER, *toussote plusieurs fois.*

Excusez-moi, ne me regardez pas comme ça.
Vous me gênez. Vous savez que je suis timide.

Mme SMITH

Il est charmant !

Elle l'embrasse.

LE POMPIER

Je vais tâcher de commencer quand même.
Mais promettez-moi de ne pas écouter.

Mme MARTIN

Mais, si on n'écoutait pas, on ne vous enten-
drait pas.

LE POMPIER

Je n'y avais pas pensé !

Mme SMITH

Je vous l'avais dit : c'est un gosse.

M. MARTIN, M. SMITH

Oh, le cher enfant !

*Ils l'embrassent**

* Dans la mise en scène de M. Nicolas Bataille, on n'embrasse
pas le pompier.

Mme MARTIN

Courage.

LE POMPIER

Eh bien, voilà. *(Il toussote encore, puis commence d'une voix que l'émotion fait trembler.)* « Le Chien et le Bœuf », fable expérimentale : une fois, un autre bœuf demandait à un autre chien : « Pourquoi n'as-tu pas avalé ta trompe ? » « Pardon, répondit le chien, c'est parce que j'avais cru que j'étais éléphant. »

Mme MARTIN

Quelle est la morale ?

LE POMPIER

C'est à vous de la trouver.

M. SMITH

Il a raison.

Mme SMITH, *furieuse.*

Une autre.

LE POMPIER

Un jeune veau avait mangé trop de verre pilé. En conséquence, il fut obligé d'accoucher. Il mit au monde une vache. Cependant, comme

le veau était un garçon, la vache ne pouvait pas
l'appeler « maman ». Elle ne pouvait pas lui dire
« papa » non plus, parce que le veau était trop
petit. Le veau fut alors obligé de se marier avec
une personne et la mairie prit alors toutes les
mesures édictées par les circonstances à la
mode.

M. SMITH

À la mode de Caen.

M. MARTIN

Comme les tripes.

LE POMPIER

Vous la connaissiez donc ?

Mme SMITH

Elle était dans tous les journaux.

Mme MARTIN

Ça s'est passé pas loin de chez nous.

LE POMPIER

Je vais vous en dire une autre. « Le Coq. »
Une fois, un coq voulut faire le chien. Mais il
n'eut pas de chance, car on le reconnut tout de
suite.

Mme SMITH

Par contre, le chien qui voulut faire le coq
n'a jamais été reconnu.

M. SMITH

Je vais vous en dire une, à mon tour : « Le
Serpent et le Renard ». Une fois, un serpent
s'approchant d'un renard lui dit : « Il me semble que je vous connais ! » Le renard lui répondit : « Moi aussi. » « Alors, dit le serpent,
donnez-moi de l'argent. » « Un renard ne donne
pas d'argent », répondit le rusé animal qui, pour
s'échapper, sauta dans une vallée profonde
pleine de fraisiers et de miel de poule. Le serpent l'y attendait déjà, en riant d'un rire mé-
phistophélique. Le renard sortit son couteau
en hurlant : « Je vais t'apprendre à vivre ! » puis
s'enfuit, en tournant le dos. Il n'eut pas de
chance. Le serpent fut plus vif. D'un coup de
poing bien choisi, il frappa le renard en plein
front, qui se brisa en mille morceaux, tout en
s'écriant : « Non ! Non ! Quatre fois non ! Je ne
suis pas ta fille[*]. »

Mme MARTIN

C'est intéressant.

---

[*] Cette anecdote a été supprimée à la représentation. M. Smith
faisait seulement les gestes, sans sortir aucun son de sa bouche.

Mme SMITH

C'est pas mal.

M. MARTIN *(il serre la main à M. Smith)*

Mes félicitations.

LE POMPIER, *jaloux.*

Pas fameuse. Et puis, je la connaissais.

M. SMITH

C'est terrible.

Mme SMITH

Mais ça n'a pas été vrai.

Mme MARTIN

Si. Malheureusement.

M. MARTIN, *à Mme Smith*

C'est votre tour, Madame.

Mme SMITH

J'en connais une seule. Je vais vous la dire.
Elle s'intitule : « Le Bouquet ».

M. SMITH

Ma femme a toujours été romantique.

M. MARTIN

C'est une véritable Anglaise*.

Mme SMITH

Voilà : Une fois, un fiancé avait apporté un bouquet de fleurs à sa fiancée qui lui dit « merci » ; mais avant qu'elle lui eût dit « merci », lui, sans dire un seul mot, lui prit les fleurs qu'il lui avait données pour lui donner une bonne leçon et, lui disant « je les reprends », il lui dit « au revoir » en les reprenant et s'éloigna par-ci, par-là.

M. MARTIN

Oh, charmant !

Il embrasse ou n'embrasse pas Mme Smith.

Mme MARTIN

Vous avez une femme, Monsieur Smith, dont tout le monde est jaloux.

M. SMITH

C'est vrai. Ma femme est l'intelligence même. Elle est même plus intelligente que moi. En

---

* Ces deux répliques étaient dites trois fois à la représentation.

tout cas, elle est beaucoup plus féminine. On
le dit.

Mme SMITH, *au pompier.*

Encore une, Capitaine.

LE POMPIER

Oh non, il est trop tard.

M. MARTIN

Dites quand même.

LE POMPIER

Je suis trop fatigué.

M. SMITH

Rendez-nous ce service.

M. MARTIN

Je vous en prie.

LE POMPIER

Non.

Mme MARTIN

Vous avez un cœur de glace. Nous sommes
sur des charbons ardents.

Mme SMITH, *tombe à ses genoux,*
en sanglotant, ou ne le fait pas

Je vous en supplie.

LE POMPIER

Soit.

M. SMITH, *à l'oreille de Mme Martin.*

Il accepte ! Il va encore nous embêter.

Mme MARTIN

Zut.

Mme SMITH

Pas de chance. J'ai été trop polie.

LE POMPIER

« Le Rhume » : Mon beau-frère avait, du côté
paternel, un cousin germain dont un oncle
maternel avait un beau-père dont le grand-père
paternel avait épousé en secondes noces une
jeune indigène dont le frère avait rencontré,
dans un de ses voyages, une fille dont il s'était
épris et avec laquelle il eut un fils qui se maria
avec une pharmacienne intrépide qui n'était
autre que la nièce d'un quartier-maître in-
connu de la Marine britannique et dont le

père adoptif avait une tante parlant couram-
ment l'espagnol et qui était, peut-être, une des
petites-filles d'un ingénieur, mort jeune, petit-
fils lui-même d'un propriétaire de vignes dont
on tirait un vin médiocre, mais qui avait un
petit-cousin, casanier, adjudant, dont le fils avait
épousé une bien jolie jeune femme, divorcée,
dont le premier mari était le fils d'un sincère
patriote qui avait su élever dans le désir de faire
fortune une de ses filles qui put se marier avec
un chasseur qui avait connu Rothschild et dont
le frère, après avoir changé plusieurs fois de métier, se maria et eut une fille dont le bisaïeul,
chétif, portait des lunettes que lui avait données
un sien cousin, beau-frère d'un Portugais, fils
naturel d'un meunier, pas trop pauvre, dont le
frère de lait avait pris pour femme la fille d'un
ancien médecin de campagne, lui-même frère
de lait du fils d'un laitier, lui-même fils naturel
d'un autre médecin de campagne, marié trois
fois de suite dont la troisième femme...

M. MARTIN

J'ai connu cette troisième femme, si je ne me
trompe. Elle mangeait du poulet dans un guê-
pier.

LE POMPIER

C'était pas la même.

Mᵐᵉ SMITH

Chut !

LE POMPIER

Je dis : ... dont la troisième femme était la fille de la meilleure sage-femme de la région et qui, veuve de bonne heure...

M. SMITH

Comme ma femme.

LE POMPIER

... s'était remariée avec un vitrier, plein d'entrain, qui avait fait, à la fille d'un chef de gare, un enfant qui avait su faire son chemin dans la vie...

Mᵐᵉ SMITH

Son chemin de fer...

M. MARTIN

Comme aux cartes.

LE POMPIER

Et avait épousé une marchande de neuf saisons, dont le père avait un frère, maire d'une petite ville, qui avait pris pour femme une institutrice blonde dont le cousin, pêcheur à la ligne...

M. MARTIN

À la ligne morte ?

LE POMPIER

… avait pris pour femme une autre institutrice blonde, nommée elle aussi Marie, dont le
frère s'était marié à une autre Marie, toujours
institutrice blonde…

M. SMITH

Puisqu'elle est blonde, elle ne peut être que
Marie.

LE POMPIER

… et dont le père avait été élevé au Canada
par une vieille femme qui était la nièce d'un
curé dont la grand-mère attrapait, parfois, en
hiver, comme tout le monde, un rhume

Mme SMITH

Curieuse histoire. Presque incroyable.

M. MARTIN

Quand on s'enrhume, il faut prendre des
rubans.

M. SMITH

C'est une précaution inutile, mais absolument
nécessaire.

Mme MARTIN

Excusez-moi, monsieur le Capitaine, mais je n'ai pas très bien compris votre histoire. À la fin, quand on arrive à la grand-mère du prêtre, on s'empêtre.

M. SMITH

Toujours, on s'empêtre entre les pattes du prêtre.

Mme SMITH

Oh oui, Capitaine, recommencez ! tout le monde vous le demande.

LE POMPIER

Ah ! je ne sais pas si je vais pouvoir. Je suis en mission de service. Ça dépend de l'heure qu'il est.

Mme SMITH

Nous n'avons pas l'heure, chez nous.

LE POMPIER

Mais la pendule ?

M. SMITH

Elle marche mal. Elle a l'esprit de contradiction. Elle indique toujours le contraire de l'heure qu'il est.

SCÈNE IX

LES MÊMES, AVEC MARY

MARY

Madame, monsieur...

Mᵐᵉ SMITH

Que voulez-vous ?

M. SMITH

Que venez-vous faire ici ?

MARY

Que madame et monsieur m'excusent... et ces dames et messieurs aussi... je voudrais... je voudrais... à mon tour... vous dire une anecdote.

Mᵐᵉ MARTIN

Qu'est-ce qu'elle dit ?

M. MARTIN

Je crois que la bonne de nos amis devient folle... Elle veut dire elle aussi une anecdote.

LE POMPIER

Pour qui se prend-elle ? *(Il la regarde.)* Oh !

Mme SMITH

De quoi vous mêlez-vous ?

M. SMITH

Vous êtes vraiment déplacée, Mary...

LE POMPIER

Oh ! mais c'est elle ! Pas possible.

M. SMITH

Et vous ?

MARY

Pas possible ! ici ?

Mme SMITH

Qu'est-ce que ça veut dire, tout ça !

M. SMITH

Vous êtes amis ?

LE POMPIER

Et comment donc !

Mary se jette au cou du pompier.

MARY

Heureuse de vous revoir... enfin !

M. et Mme SMITH

Oh !

M. SMITH

C'est trop fort, ici, chez nous, dans les environs de Londres.

Mme SMITH

Ce n'est pas convenable !...

LE POMPIER

C'est elle qui a éteint mes premiers feux.

MARY

Je suis son petit jet d'eau.

M. MARTIN

S'il en est ainsi... chers amis... ces sentiments sont explicables, humains, honorables...

Mme MARTIN

Tout ce qui est humain est honorable.

Mme SMITH

Je n'aime quand même pas la voir là... parmi nous...

M. SMITH

Elle n'a pas l'éducation nécessaire...

LE POMPIER

Oh, vous avez trop de préjugés.

Mme MARTIN

Moi je pense qu'une bonne, en somme, bien que cela ne me regarde pas, n'est jamais qu'une bonne...

M. MARTIN

Même si elle peut faire, parfois, un assez bon détective.

LE POMPIER

Lâche-moi.

MARY

Ne vous en faites pas !... Ils ne sont pas si méchants que ça.

M. SMITH

Hum... hum... vous êtes attendrissants, tous les deux, mais aussi un peu... un peu...

M. MARTIN

Oui, c'est bien le mot.

M. SMITH

Un peu trop voyants...

M. MARTIN

Il y a une pudeur britannique, excusez-moi encore une fois de préciser ma pensée, incomprise des étrangers, même spécialistes, grâce à laquelle, pour m'exprimer ainsi... enfin, je ne dis pas ça pour vous...

MARY

Je voulais vous raconter...

M. SMITH

Ne racontez rien..

MARY

Oh si !

Mme SMITH

Allez, ma petite Mary, allez gentiment à la cuisine y lire vos poèmes, devant la glace...

M. MARTIN

Tiens, sans être bonne, moi aussi je lis des poèmes devant la glace.

Mᵐᵉ MARTIN

Ce matin, quand tu t'es regardé dans la glace tu ne t'es pas vu.

M. MARTIN

C'est parce que je n'étais pas encore là...

MARY

Je pourrais, peut-être, quand même vous réciter un petit poème.

Mᵐᵉ SMITH

Ma petite Mary, vous êtes épouvantablement têtue.

MARY

Je vais vous réciter un poème, alors, c'est entendu ? C'est un poème qui s'intitule « Le Feu » en l'honneur du Capitaine.

LE FEU

Les polycandres brillaient dans les bois
Une pierre prit feu
Le château prit feu
La forêt prit feu
Les hommes prirent feu

Les femmes prirent feu
Les oiseaux prirent feu
Les poissons prirent feu
L'eau prit feu
Le ciel prit feu
La cendre prit feu
La fumée prit feu
Le feu prit feu
Tout prit feu
Prit feu, prit feu

Elle dit le poème poussée par les Smith hors de la pièce.

SCÈNE X

LES MÊMES, SANS MARY

Mme MARTIN

Ça m'a donné froid dans le dos...

M. MARTIN

Il y a pourtant une certaine chaleur dans ces vers...

LE POMPIER

J'ai trouvé ça merveilleux.

Mme SMITH

Tout de même...

M. SMITH

Vous exagérez...

LE POMPIER

Écoutez, c'est vrai... tout ça c'est très subjec-
tif... mais ça c'est ma conception du monde.
Mon rêve. Mon idéal... et puis ça me rappelle
que je dois partir. Puisque vous n'avez pas
l'heure, moi, dans trois quarts d'heure et seize
minutes exactement j'ai un incendie, à l'autre
bout de la ville. Il faut que je me dépêche. Bien
que ce ne soit pas grand-chose.

Mme SMITH

Qu'est-ce que ce sera ? Un petit feu de cheminée ?

LE POMPIER

Oh même pas. Un feu de paille et une petite
brûlure d'estomac.

M. SMITH

Alors, nous regrettons votre départ.

Mme SMITH

Vous avez été très amusant.

Mᵐᵉ MARTIN

Grâce à vous, nous avons passé un vrai quart d'heure cartésien.

LE POMPIER *se dirige vers la sortie, puis s'arrête*

À propos, et la Cantatrice chauve ?

> *Silence général, gêne.*

Mᵐᵉ SMITH

Elle se coiffe toujours de la même façon !

LE POMPIER

Ah ! Alors au revoir, messieurs, dames.

M. MARTIN

Bonne chance, et bon feu !

LE POMPIER

Espérons-le. Pour tout le monde.

> *Le pompier s'en va. Tous le condui-*
> *sent jusqu'à la porte et reviennent à*
> *leurs places.*

SCÈNE XI

LES MÊMES, SANS LE POMPIER

Mme MARTIN

Je peux acheter un couteau de poche pour mon frère, mais vous ne pouvez acheter l'Irlande pour votre grand-père.

M. SMITH

On marche avec les pieds, mais on se réchauffe à l'électricité ou au charbon.

M. MARTIN

Celui qui vend aujourd'hui un bœuf, demain aura un œuf.

Mme SMITH

Dans la vie, il faut regarder par la fenêtre.

Mme MARTIN

On peut s'asseoir sur la chaise, lorsque la chaise n'en a pas.

M. SMITH

Il faut toujours penser à tout.

M. MARTIN

Le plafond est en haut, le plancher est en bas.

Mme SMITH

Quand je dis oui, c'est une façon de parler.

Mme MARTIN

À chacun son destin.

M. SMITH

Prenez un cercle, caressez-le, il deviendra vicieux !

Mme SMITH

Le maître d'école apprend à lire aux enfants, mais la chatte allaite ses petits quand ils sont petits.

Mme MARTIN

Cependant que la vache nous donne ses queues.

M. SMITH

Quand je suis à la campagne, j'aime la solitude et le calme.

M. MARTIN

Vous n'êtes pas encore assez vieux pour cela.

Mme SMITH

Benjamin Franklin avait raison : vous êtes moins tranquille que lui.

Mme MARTIN

Quels sont les sept jours de la semaine ?

M. SMITH

Monday, Tuesday, Wednesday, Thursday, Friday, Saturday, Sunday.

M. MARTIN

Edward is a clerck ; his sister Nancy is a typist, and his brother William a shop-assistant.

Mme SMITH

Drôle de famille !

Mme MARTIN

J'aime mieux un oiseau dans un champ qu'une chaussette dans une brouette.

M. SMITH

Plutôt un filet dans un chalet, que du lait dans un palais.

M. MARTIN

La maison d'un Anglais est son vrai palais.

Mme SMITH

Je ne sais pas assez d'espagnol pour me faire comprendre.

Mme MARTIN

Je te donnerai les pantoufles de ma belle-mère si tu me donnes le cercueil de ton mari

M. SMITH

Je cherche un prêtre monophysite pour le marier avec notre bonne.

M. MARTIN

Le pain est un arbre tandis que le pain est aussi un arbre, et du chêne naît un chêne, tous les matins à l'aube.

Mme SMITH

Mon oncle vit à la campagne mais ça ne regarde pas la sage-femme.

M. MARTIN

Le papier c'est pour écrire, le chat c'est pour le rat. Le fromage c'est pour griffer.

Mme SMITH

L'automobile va très vite, mais la cuisinière prépare mieux les plats.

M. SMITH

Ne soyez pas dindons, embrassez plutôt le conspirateur.

M. MARTIN

Charity begins at home.

Mme SMITH

J'attends que l'aqueduc vienne me voir à mon moulin.

M. MARTIN

On peut prouver que le progrès social est bien meilleur avec du sucre.

M. SMITH

À bas le cirage !

> *À la suite de cette dernière réplique de M. Smith, les autres se taisent un instant, stupéfaits. On sent qu'il y a un certain énervement. Les coups que frappe la pendule sont plus nerveux aussi. Les répliques qui suivent doivent être dites, d'abord, sur un ton*

*glacial, hostile. L'hostilité et l'éner-
vement iront en grandissant. À la fin
de cette scène, les quatre personnages
devront se trouver debout, tout près
les uns des autres, criant leurs répliques, levant les poings, prêts à se jeter
les uns sur les autres.*

M. MARTIN

On ne fait pas briller ses lunettes avec du cirage noir.

Mme SMITH

Oui, mais avec l'argent on peut acheter tout
ce qu'on veut.

M. MARTIN

J'aime mieux tuer un lapin que de chanter
dans le jardin.

M. SMITH

Kakatoes, kakatoes, kakatoes, kakatoes, kaka-
toes, kakatoes, kakatoes, kakatoes, kakatoes, ka-
katoes.

Mme SMITH

Quelle cacade, quelle cacade, quelle cacade,
quelle cacade, quelle cacade, quelle cacade,
quelle cacade, quelle cacade, quelle cacade.

M. MARTIN

Quelle cascade de cacades, quelle cascade de cacades, quelle cascade de cacades, quelle cascade de cacades, quelle cascade de cacades, quelle cascade de cacades, quelle cascade de cacades, quelle cascade de cacades.

M. SMITH

Les chiens ont des puces, les chiens ont des puces.

Mme MARTIN

Cactus, coccyx ! cocus ! cocardard ! cochon !

Mme SMITH

Encaqueur, tu nous encaques.

M. MARTIN

J'aime mieux pondre un œuf que voler un bœuf.

Mme MARTIN, *ouvrant tout grand la bouche.*

Ah ! oh ! ah ! oh ! laissez-moi grincer des dents.

M. SMITH

Caïman !

M. MARTIN

Allons gifler Ulysse.

M. SMITH

Je m'en vais habiter ma Cagna dans mes cacaoyers.

Mme MARTIN

Les cacaoyers des cacaoyères donnent pas des cacahuètes, donnent du cacao ! Les cacaoyers des cacaoyères donnent pas des cacahuètes, donnent du cacao ! Les cacaoyers des cacaoyères donnent pas des cacahuètes, donnent du cacao.

Mme SMITH

Les souris ont des sourcils, les sourcils n'ont pas de souris.

Mme MARTIN

Touche pas ma babouche !

M. MARTIN

Bouge pas la babouche !

M. SMITH

Touche la mouche, mouche pas la touche.

Mme MARTIN

La mouche bouge.

Mme SMITH

Mouche ta bouche.

M. MARTIN

Mouche le chasse-mouche, mouche le chasse-mouche.

M. SMITH

Escarmoucheur escarmouché !

Mme MARTIN

Scaramouche !

Mme SMITH

Sainte-Nitouche !

M. MARTIN

T'en as une couche !

M. SMITH

Tu m'embouches.

Mme MARTIN

Sainte Nitouche touche ma cartouche.

Mme SMITH

N'y touchez pas, elle est brisée.

M. MARTIN

Sully !

M. SMITH

Prudhomme !

Mme MARTIN, M. SMITH

François.

Mme SMITH, M. MARTIN

Coppée.

Mme MARTIN, M. SMITH

Coppée Sully !

Mme SMITH, M. MARTIN

Prudhomme François.

Mme MARTIN

Espèces de glouglouteurs, espèces de glou-glouteuses.

M. MARTIN

Mariette, cul de marmite !

Mme SMITH

Khrishnamourti, Khrishnamourti, Khrishnamourti !

M. SMITH

Le pape dérape ! Le pape n'a pas de soupape. La soupape a un pape.

Mme MARTIN

Bazar, Balzac, Bazaine !

M. MARTIN

Bizarre, beaux-arts, baisers !

M. SMITH

A, e, i, o, u, a, e, i, o, u, a, e, i, o, u, i !

Mme MARTIN

B, c, d, f, g, l, m, n, p, r, s, t, v, w, x, z !

M. MARTIN

De l'ail à l'eau, du lait à l'ail !

Mme SMITH, *imitant le train.*

Teuff, teuff, teuff, teuff, teuff, teuff, teuff,
teuff, teuff, teuff, teuff !

M. SMITH

C'est !

Mme MARTIN

Pas !

M. MARTIN

Par !

Mme SMITH

Là !

M. SMITH

C'est !

Mme MARTIN

Par !

M. MARTIN

I !

Mme SMITH

Ci !

> *Tous ensemble, au comble de la fu-*
> *reur, hurlent les uns aux oreilles des*
> *autres. La lumière s'est éteinte. Dans*

*l'obscurité on entend sur un rythme
de plus en plus rapide.*

TOUS ENSEMBLE

C'est pas par là, c'est par ici, c'est pas par là,
c'est par ici, c'est pas par là, c'est par ici, c'est
pas par là, c'est par ici, c'est pas par là, c'est par
ici, c'est pas par là, c'est par ici* !

*Les paroles cessent brusquement. De
nouveau, lumière. M. et Mme Martin
sont assis comme les Smith au début
de la pièce. La pièce recommence avec
les Martin, qui disent exactement les
répliques des Smith dans la première
scène, tandis que le rideau se ferme
doucement.*

RIDEAU

---

* À la représentation certaines des répliques de cette dernière
scène ont été supprimées ou interchangées. D'autre part le re-
commencement final — peut-on dire — se faisait toujours avec
les Smith, l'auteur n'ayant eu l'idée lumineuse de substituer les
Martin aux Smith qu'après la centième représentation.

La Leçon

DRAME COMIQUE

PERSONNAGES

LE PROFESSEUR, 50 à 60 ans   *Marcel Cuvelier.*
LA JEUNE ÉLÈVE, 18 ans   *Rosette Zuchelli.*
LA BONNE, 45 à 50 ans   *Claude Mansard.*

La Leçon a été représentée pour la première fois au théâtre de Poche le 20 février 1951.
La mise en scène était de Marcel Cuvelier.

DÉCOR

Le cabinet de travail, servant aussi de salle à manger, du vieux professeur.

À gauche de la scène, une porte donnant dans les escaliers de l'immeuble ; au fond, à droite de la scène, une autre porte menant à un couloir de l'appartement.

Au fond, un peu sur la gauche, une fenêtre, pas très grande, avec des rideaux simples ; sur le bord extérieur de la fenêtre, des pots de fleurs banales.

On doit apercevoir, dans le lointain, des maisons basses, aux toits rouges : la petite ville. Le ciel est bleu-gris. Sur la droite, un buffet rustique. La table sert aussi de bureau : elle se trouve au milieu de la pièce. Trois chaises autour de la table, deux autres des deux côtés de la fenêtre, tapisserie claire, quelques rayons avec des livres.

Au lever du rideau, la scène est vide, elle le restera assez longtemps. Puis on entend la sonnette de la porte d'entrée. On entend la :

VOIX DE LA BONNE, *en coulisse.*

Oui. Tout de suite.

Précédant la bonne elle-même, qui, après avoir descendu, en courant, des marches, apparaît. Elle est forte ; elle a de 45 à 50 ans, rougeaude, coiffe paysanne.

LA BONNE *entre en coup de vent, fait claquer derrière elle la porte de droite, s'essuie les mains sur son tablier, tout en courant vers la porte de gauche, cependant qu'on entend un deuxième coup de sonnette.*

Patience. J'arrive. (*Elle ouvre la porte. Apparaît la jeune élève, âgée de 18 ans. Tablier gris, petit col blanc, serviette sous le bras.*) Bonjour, mademoiselle.

L'ÉLÈVE

Bonjour, madame. Le Professeur est à la maison ?

LA BONNE

C'est pour la leçon ?

L'ÉLÈVE

Oui, madame.

LA BONNE

Il vous attend. Asseyez-vous un instant, je vais le prévenir.

L'ÉLÈVE

Merci, madame.

> *Elle s'assied près de la table, face au public ; à sa gauche, la porte d'entrée ; elle tourne le dos à l'autre porte par laquelle, toujours se dépêchant, sort la Bonne, qui appelle :*

LA BONNE

Monsieur, descendez, s'il vous plaît. Votre élève est arrivée.

VOIX DU PROFESSEUR, *plutôt fluette.*

Merci. Je descends... dans deux minutes...

*La Bonne est sortie ; l'Élève, tirant
sous elle ses jambes, sa serviette sur ses
genoux, attend, gentiment ; un petit
regard ou deux dans la pièce, sur les
meubles, au plafond aussi ; puis elle
tire de sa serviette un cahier, qu'elle
feuillette, puis s'arrête plus longtemps
sur une page, comme pour répéter la
leçon, comme pour jeter un dernier
coup d'œil sur ses devoirs. Elle a l'air
d'une fille polie, bien élevée, mais bien
vivante, gaie, dynamique ; un sou-
rire frais sur les lèvres ; au cours du
drame qui va se jouer, elle ralentira
progressivement le rythme vif de ses
mouvements, de son allure, elle devra
se refouler ; de gaie et souriante, elle
deviendra progressivement triste, mo-
rose ; très vivante au début, elle sera
de plus en plus fatiguée, somnolente ;
vers la fin du drame sa figure devra
exprimer nettement une dépression ner-
veuse ; sa façon de parler s'en ressen-
tira, sa langue se fera pâteuse, les mots
reviendront difficilement dans sa mémoire et sortiront, tout aussi difficilement, de sa bouche ; elle aura l'air
vaguement paralysée, début d'aphasie ;*

volontaire au début, jusqu'à en paraître agressive, elle se fera de plus en plus passive, jusqu'à ne plus être qu'un objet mou et inerte, semblant inanimée, entre les mains du Professeur ; si bien que lorsque celui-ci en sera arrivé à accomplir le geste final, l'Élève ne réagira plus ; insensibilisée, elle n'aura plus de réflexes ; seuls ses yeux, dans une figure immobile, exprimeront un étonnement et une frayeur indicibles ; le passage d'un comportement à l'autre devra se faire, bien entendu, insensiblement.

Le Professeur entre. C'est un petit vieux à barbiche blanche ; il a des lorgnons, une calotte noire, il porte une longue blouse noire de maître d'école, pantalons et souliers noirs, faux col blanc, cravate noire. Excessivement poli, très timide, voix assourdie par la timidité, très correct, très professeur. Il se frotte tout le temps les mains ; de temps à autre, une lueur lubrique dans les yeux, vite réprimée.

Au cours du drame, sa timidité disparaîtra progressivement, insensiblement ; les lueurs lubriques de ses yeux finiront par devenir une flamme dé-

vorante, ininterrompue ; d'apparence
plus qu'inoffensive au début de l'ac-
tion, le Professeur deviendra de plus
en plus sûr de lui, nerveux, agressif,
dominateur, jusqu'à se jouer comme
il lui plaira de son élève, devenue,
entre ses mains, une pauvre chose.
Évidemment la voix du Professeur
devra elle aussi devenir, de maigre et
fluette, de plus en plus forte, et, à la
fin, extrêmement puissante, éclatante,
clairon sonore, tandis que la voix de
l'Élève se fera presque inaudible, de
très claire et bien timbrée qu'elle aura
été au début du drame. Dans les pre-
mières scènes, le Professeur bégaiera,
très légèrement, peut-être.

LE PROFESSEUR

Bonjour, mademoiselle... C'est vous, c'est
bien vous, n'est-ce pas, la nouvelle élève ?

L'ÉLÈVE *se retourne vivement,*
l'air très dégagé, jeune fille du monde ; elle
se lève, s'avance vers le Professeur,
lui tend la main.

Oui, monsieur. Bonjour, monsieur. Vous
voyez, je suis venue à l'heure. Je n'ai pas voulu
être en retard.

LE PROFESSEUR

C'est bien, mademoiselle. Merci, mais il ne fallait pas vous presser. Je ne sais comment m'excuser de vous avoir fait attendre... Je finissais justement... n'est-ce pas, de... Je m'excuse... Vous m'excuserez...

L'ÉLÈVE

Il ne faut pas, monsieur. Il n'y a aucun mal, monsieur.

LE PROFESSEUR

Mes excuses... Vous avez eu de la peine à trouver la maison ?

L'ÉLÈVE

Du tout... Pas du tout. Et puis j'ai demandé. Tout le monde vous connaît ici.

LE PROFESSEUR

Il y a trente ans que j'habite la ville. Vous n'y êtes pas depuis longtemps ! Comment la trouvez-vous ?

L'ÉLÈVE

Elle ne me déplaît nullement. C'est une jolie ville, agréable, un joli parc, un pensionnat,

un évêque, de beaux magasins, des rues, des
avenues...

LE PROFESSEUR

C'est vrai, mademoiselle. Pourtant j'aimerais
autant vivre autre part. À Paris, ou au moins à
Bordeaux.

L'ÉLÈVE

Vous aimez Bordeaux ?

LE PROFESSEUR

Je ne sais pas. Je ne connais pas.

L'ÉLÈVE

Alors vous connaissez Paris ?

LE PROFESSEUR

Non plus, mademoiselle, mais, si vous me le
permettez, pourriez-vous me dire, Paris, c'est le
chef-lieu de... mademoiselle ?

L'ÉLÈVE *cherche un instant,*
puis, heureuse de savoir.

Paris, c'est le chef-lieu de... la France ?

LE PROFESSEUR

Mais oui, mademoiselle, bravo, mais c'est
très bien, c'est parfait. Mes félicitations. Vous

connaissez votre géographie nationale sur le bout des ongles. Vos chefs-lieux.

L'ÉLÈVE

Oh ! je ne les connais pas tous encore, monsieur, ce n'est pas si facile que ça, j'ai du mal à les apprendre.

LE PROFESSEUR

Oh, ça viendra... Du courage... mademoiselle... Je m'excuse... de la patience... doucement, doucement... Vous verrez, ça viendra... Il fait beau aujourd'hui... ou plutôt pas tellement... Oh ! si quand même. Enfin, il ne fait pas trop mauvais, c'est le principal... Euh... euh... Il ne pleut pas, il ne neige pas non plus.

L'ÉLÈVE

Ce serait bien étonnant, car nous sommes en été.

LE PROFESSEUR

Je m'excuse, mademoiselle, j'allais vous le dire... mais vous apprendrez que l'on peut s'attendre à tout.

L'ÉLÈVE

Évidemment, monsieur.

LE PROFESSEUR

Nous ne pouvons être sûrs de rien, mademoiselle, en ce monde.

L'ÉLÈVE

La neige tombe l'hiver. L'hiver, c'est une des quatre saisons. Les trois autres sont... euh .. le prin...

LE PROFESSEUR

Oui ?

L'ÉLÈVE

... temps, et puis l'été... et... euh...

LE PROFESSEUR

Ça commence comme automobile, mademoiselle.

L'ÉLÈVE

Ah, oui, l'automne...

LE PROFESSEUR

C'est bien cela, mademoiselle, très bien répondu, c'est parfait. Je suis convaincu que vous serez une bonne élève. Vous ferez des progrès. Vous êtes intelligente, vous me paraissez instruite, bonne mémoire.

L'ÉLÈVE

Je connais mes saisons, n'est-ce pas, monsieur ?

LE PROFESSEUR

Mais oui, mademoiselle… ou presque. Mais ça viendra. De toute façon, c'est déjà bien. Vous arriverez à les connaître, toutes vos saisons, les yeux fermés. Comme moi.

L'ÉLÈVE

C'est difficile.

LE PROFESSEUR

Oh, non. Il suffit d'un petit effort, de la bonne volonté, mademoiselle. Vous verrez. Ça viendra, soyez-en sûre.

L'ÉLÈVE

Oh, je voudrais bien, monsieur. J'ai une telle soif de m'instruire. Mes parents aussi désirent que j'approfondisse mes connaissances. Ils veulent que je me spécialise. Ils pensent qu'une simple culture générale, même si elle est solide, ne suffit plus, à notre époque.

LE PROFESSEUR

Vos parents, mademoiselle, ont parfaitement raison. Vous devez pousser vos études. Je m'ex-

cuse de vous le dire, mais c'est une chose nécessaire. La vie contemporaine est devenue très
complexe.

LÉLÈVE

Et tellement compliquée... Mes parents sont
assez fortunés, j'ai de la chance. Ils pourront
m'aider à travailler, à faire des études très supé-
rieures.

LE PROFESSEUR

Et vous voudriez vous présenter...

L'ÉLÈVE

Le plus tôt possible, au premier concours de
doctorat. C'est dans trois semaines.

LE PROFESSEUR

Vous avez déjà votre baccalauréat, si vous me
permettez de vous poser la question.

L'ÉLÈVE

Oui, monsieur, j'ai mon bachot sciences, et
mon bachot lettres.

LE PROFESSEUR

Oh, mais vous êtes très avancée, même trop
avancée pour votre âge. Et quel doctorat voulez-
vous passer ? Sciences matérielles ou philosophie normale ?

L'ÉLÈVE

Mes parents voudraient bien, si vous croyez
que cela est possible en si peu de temps, ils voudraient bien que je passe mon doctorat total.

LE PROFESSEUR

Le doctorat total ?... Vous avez beaucoup de
courage, mademoiselle, je vous félicite sincèrement. Nous tâcherons, mademoiselle, de faire
de notre mieux. D'ailleurs, vous êtes déjà assez
savante. À un si jeune âge.

L'ÉLÈVE

Oh, monsieur.

LE PROFESSEUR

Alors, si vous voulez bien me permettre, mes
excuses, je vous dirais qu'il faut se mettre au
travail. Nous n'avons guère de temps à perdre.

L'ÉLÈVE

Mais au contraire, monsieur, je le veux bien.
Et même je vous en prie.

LE PROFESSEUR

Puis-je donc vous demander de vous asseoir...
là... Voulez-vous me permettre, mademoiselle,

si vous n'y voyez pas d'inconvénients, de m'asseoir en face de vous ?

L'ÉLÈVE

Certainement, monsieur. Je vous en prie.

LE PROFESSEUR

Merci bien, mademoiselle. *(Ils s'assoient l'un
en face de l'autre, à table, de profil à la salle.)* Voilà.
Vous avez vos livres, vos cahiers ?

L'ÉLÈVE, *sortant des cahiers*
et des livres de sa serviette.

Oui, monsieur. Bien sûr, j'ai là tout ce qu'il
faut.

LE PROFESSEUR

Parfait, mademoiselle. C'est parfait. Alors, si
cela ne vous ennuie pas... pouvons-nous commencer ?

L'ÉLÈVE

Mais oui, monsieur, je suis à votre disposition,
monsieur.

LE PROFESSEUR

À ma disposition ?... *(Lueur dans les yeux vite
éteinte, un geste, qu'il réprime.)* Oh, mademoiselle,
c'est moi qui suis à votre disposition. Je ne suis
que votre serviteur.

L'ÉLÈVE

Oh, monsieur...

LE PROFESSEUR

Si vous voulez bien... alors... nous... nous...
je... je commencerai par faire un examen som-
maire de vos connaissances passées et présentes,
afin de pouvoir en dégager la voie future... Bon.
Où en est votre perception de la pluralité ?

L'ÉLÈVE

Elle est assez vague... confuse.

LE PROFESSEUR

Bon. Nous allons voir ça.

> *Il se frotte les mains. La Bonne en-*
> *tre, ce qui a l'air d'irriter le Professeur ;*
> *elle se dirige vers le buffet, y cherche*
> *quelque chose, s'attarde.*

LE PROFESSEUR

Voyons, mademoiselle, voulez-vous que nous
fassions un peu d'arithmétique, si vous voulez
bien...

L'ÉLÈVE

Mais oui, monsieur. Certainement, je ne demande que ça.

LE PROFESSEUR

C'est une science assez nouvelle, une science moderne ; à proprement parler, c'est plutôt une méthode qu'une science... C'est aussi une thérapeutique. *(À la Bonne.)* Marie, est-ce que vous avez fini ?

LA BONNE

Oui, monsieur, j'ai trouvé l'assiette. Je m'en vais...

LE PROFESSEUR

Dépêchez-vous. Allez à votre cuisine, s'il vous plaît.

LA BONNE

Oui, monsieur. J'y vais.

Fausse sortie de la Bonne.

LA BONNE

Excusez-moi, monsieur, faites attention, je vous recommande le calme.

LE PROFESSEUR

Vous êtes ridicule, Marie, voyons. Ne vous inquiétez pas.

LA BONNE

On dit toujours ça.

LE PROFESSEUR

Je n'admets pas vos insinuations. Je sais parfaitement comment me conduire. Je suis assez
vieux pour cela.

LA BONNE

Justement, monsieur. Vous feriez mieux de ne
pas commencer par l'arithmétique avec mademoiselle. L'arithmétique ça fatigue, ça énerve.

LE PROFESSEUR

Plus à mon âge. Et puis de quoi vous mêlez-
vous ? C'est mon affaire. Et je la connais. Votre
place n'est pas ici.

LA BONNE

C'est bien, monsieur. Vous ne direz pas que
je ne vous ai pas averti.

LE PROFESSEUR

Marie, je n'ai que faire de vos conseils.

LA BONNE

C'est comme monsieur veut.

Elle sort.

LE PROFESSEUR

Excusez-moi, mademoiselle, pour cette sotte interruption. Excusez cette femme... Elle a toujours peur que je me fatigue. Elle craint pour ma santé.

L'ÉLÈVE

Oh, c'est tout excusé, monsieur. Ça prouve qu'elle vous est dévouée. Elle vous aime bien. C'est rare, les bons domestiques.

LE PROFESSEUR

Elle exagère. Sa peur est stupide. Revenons à nos moutons arithmétiques.

L'ÉLÈVE

Je vous suis, monsieur.

LE PROFESSEUR, *spirituel.*

Tout en restant assise !

L'ÉLÈVE, *appréciant le mot d'esprit.*

Comme vous, monsieur.

LE PROFESSEUR

Bon. Arithmétisons donc un peu.

L'ÉLÈVE

Oui, très volontiers, monsieur.

LE PROFESSEUR

Cela ne vous ennuierait pas de me dire...

L'ÉLÈVE

Du tout, monsieur allez-y.

LE PROFESSEUR

Combien font un et un ?

L'ÉLÈVE

Un et un font deux.

LE PROFESSEUR, *émerveillé*
par le savoir de l'Élève.

Oh, mais c'est très bien. Vous me paraissez très avancée dans vos études. Vous aurez facilement votre doctorat total, mademoiselle.

L'ÉLÈVE

Je suis bien contente. D'autant plus que c'est vous qui le dites.

LE PROFESSEUR

Poussons plus loin : combien font deux et un ?

L'ÉLÈVE

Trois.

LE PROFESSEUR

Trois et un ?

L'ÉLÈVE

Quatre.

LE PROFESSEUR

Quatre et un ?

L'ÉLÈVE

Cinq.

LE PROFESSEUR

Cinq et un ?

L'ÉLÈVE

Six.

LE PROFESSEUR

Six et un ?

L'ÉLÈVE

Sept.

LE PROFESSEUR

Sept et un ?

L'ÉLÈVE

Huit

LF PROFESSEUR

Sept et un ?

L'ÉLÈVE

Huit... *bis.*

LE PROFESSEUR

Très bonne réponse. Sept et un ?

L'ÉLÈVE

Huit *ter.*

LE PROFESSEUR

Parfait. Excellent. Sept et un ?

L'ÉLÈVE

Huit *quater.* Et parfois neuf.

LE PROFESSEUR

Magnifique ! Vous êtes magnifique ! Vous êtes exquise. Je vous félicite chaleureusement, mademoiselle. Ce n'est pas la peine de continuer. Pour l'addition, vous êtes magistrale. Voyons la soustraction. Dites-moi, seulement, si vous n'êtes pas épuisée, combien font quatre moins trois ?

L'ÉLÈVE

Quatre moins trois ?... Quatre moins trois ?

LE PROFESSEUR

Oui. Je veux dire : retirez trois de quatre

L'ÉLÈVE

Ça fait... sept ?

LE PROFESSEUR

Je m'excuse d'être obligé de vous contredire. Quatre moins trois ne font pas sept. Vous confondez : quatre plus trois font sept, quatre moins trois ne font pas sept... Il ne s'agit plus d'additionner, il faut soustraire maintenant.

L'ÉLÈVE *s'efforce de comprendre.*

Oui... oui...

LE PROFESSEUR

Quatre moins trois font... Combien ?... Combien ?

L'ÉLÈVE

Quatre ?

LE PROFESSEUR

Non, mademoiselle, ce n'est pas ça.

L'ÉLÈVE

Trois, alors.

LE PROFESSEUR

Non plus, mademoiselle... Pardon, je dois le dire... Ça ne fait pas ça... mes excuses.

L'ÉLÈVE

Quatre moins trois... Quatre moins trois... Quatre moins trois ?... Ça ne fait tout de même pas dix ?

LE PROFESSEUR

Oh, certainement pas, mademoiselle. Mais il ne s'agit pas de deviner, il faut raisonner. Tâchons de le déduire ensemble. Voulez-vous compter ?

L'ÉLÈVE

Oui, monsieur. Un..., deux..., euh...

LE PROFESSEUR

Vous savez bien compter ? Jusqu'à combien savez-vous compter ?

L'ÉLÈVE

Je puis compter... à l'infini.

LE PROFESSEUR

Cela n'est pas possible, mademoiselle.

L'ÉLÈVE

Alors, mettons jusqu'à seize.

LE PROFESSEUR

Cela suffit. Il faut savoir se limiter. Comptez donc, s'il vous plaît, je vous en prie.

L'ÉLÈVE

Un..., deux..., et puis après deux, il y a trois... quatre...

LE PROFESSEUR

Arrêtez-vous, mademoiselle. Quel nombre est plus grand ? Trois ou quatre ?

L'ÉLÈVE

Euh... trois ou quatre ? Quel est le plus grand ? Le plus grand de trois ou quatre ? Dans quel sens le plus grand ?

LE PROFESSEUR

Il y a des nombres plus petits et d'autres plus grands. Dans les nombres plus grands il y a plus d'unités que dans les petits...

L'ÉLÈVE

... Que dans les petits nombres ?

LE PROFESSEUR

À moins que les petits aient des unités plus petites. Si elles sont toutes petites, il se peut qu'il y ait plus d'unités dans les petits nombres que dans les grands... s'il s'agit d'autres unités..

L'ÉLÈVE

Dans ce cas, les petits nombres peuvent être plus grands que les grands nombres ?

LE PROFESSEUR

Laissons cela. Ça nous mènerait beaucoup trop loin : sachez seulement qu'il n'y a pas que des nombres... il y a aussi des grandeurs, des sommes, il y a des groupes, il y a des tas, des tas de choses telles que les prunes, les wagons, les oies, les pépins, etc. Supposons simplement, pour faciliter notre travail, que nous n'avons que des nombres égaux, les plus grands seront ceux qui auront le plus d'unités égales.

L'ÉLÈVE

Celui qui en aura le plus sera le plus grand ? Ah, je comprends, monsieur, vous identifiez la qualité à la quantité.

LE PROFESSEUR

Cela est trop théorique, mademoiselle, trop théorique. Vous n'avez pas à vous inquiéter de cela. Prenons notre exemple et raisonnons sur ce cas précis. Laissons pour plus tard les conclusions générales. Nous avons le nombre quatre et le nombre trois, avec chacun un nombre toujours égal d'unités ; quel nombre sera le plus grand, le nombre plus petit ou le nombre plus grand ?

L'ÉLÈVE

Excusez-moi, monsieur... Qu'entendez-vous par le nombre le plus grand ? Est-ce celui qui est moins petit que l'autre ?

LE PROFESSEUR

C'est ça, mademoiselle, parfait. Vous m'avez très bien compris.

L'ÉLÈVE

Alors, c'est quatre.

LE PROFESSEUR

Qu'est-ce qu'il est, le quatre ? Plus grand ou plus petit que trois ?

L'ÉLÈVE

Plus petit... non, plus grand

LE PROFESSEUR

Excellente réponse. Combien d'unités avez-vous de trois à quatre ?... ou de quatre à trois, si vous préférez ?

L ÉLÈVE

Il n'y a pas d'unités, monsieur, entre trois et quatre. Quatre vient tout de suite après trois ; il n'y a rien du tout entre trois et quatre !

LE PROFESSEUR

Je me suis mal fait comprendre. C'est sans doute ma faute. Je n'ai pas été assez clair.

L'ÉLÈVE

Non, monsieur, la faute est mienne.

LE PROFESSEUR

Tenez. Voici trois allumettes. En voici encore une, ça fait quatre. Regardez bien, vous en avez quatre, j'en retire une, combien vous en reste-t-il ?

> *On ne voit pas les allumettes, ni aucun des objets, d'ailleurs, dont il est question ; le Professeur se lèvera de table, écrira sur un tableau inexistant avec une craie inexistante, etc.*

L'ÉLÈVE

Cinq. Si trois et un font quatre, quatre et un font cinq.

LE PROFESSEUR

Ce n'est pas ça. Ce n'est pas ça du tout. Vous avez toujours tendance à additionner. Mais il faut aussi soustraire. Il ne faut pas uniquement intégrer. Il faut aussi désintégrer. C'est ça la vie. C'est ça la philosophie. C'est ça la science. C'est ça le progrès, la civilisation.

L'ÉLÈVE

Oui, monsieur.

LE PROFESSEUR

Revenons à nos allumettes. J'en ai donc quatre. Vous voyez, elles sont bien quatre. J'en retire une, il n'en reste plus que...

L'ÉLÈVE

Je ne sais pas, monsieur.

LE PROFESSEUR

Voyons, réfléchissez. Ce n'est pas facile, je l'admets. Pourtant, vous êtes assez cultivée pour pouvoir faire l'effort intellectuel demandé et parvenir à comprendre. Alors ?

L'ÉLÈVE

Je n'y arrive pas, monsieur. Je ne sais pas, monsieur.

LE PROFESSEUR

Prenons des exemples plus simples. Si vous aviez eu deux nez, et je vous en aurais arraché un... combien vous en resterait-il maintenant ?

L'ÉLÈVE

Aucun.

LE PROFESSEUR

Comment aucun ?

L'ÉLÈVE

Oui, c'est justement parce que vous n'en avez arraché aucun, que j'en ai un maintenant. Si vous l'aviez arraché, je ne l'aurais plus.

LE PROFESSEUR

Vous n'avez pas compris mon exemple. Supposez que vous n'avez qu'une seule oreille.

L'ÉLÈVE

Oui, après ?

LE PROFESSEUR

Je vous en ajoute une, combien en auriez-vous ?

L'ÉLÈVE

Deux.

LE PROFESSEUR

Bon. Je vous en ajoute encore une. Combien en auriez-vous ?

L'ÉLÈVE

Trois oreilles.

LE PROFESSEUR

J'en enlève une... Il vous reste... combien d'oreilles ?

L'ÉLÈVE

Deux.

LE PROFESSEUR

Bon. J'en enlève encore une, combien vous en reste-t-il ?

L'ÉLÈVE

Deux.

LE PROFESSEUR

Non. Vous en avez deux, j'en prends une, je vous en mange une, combien vous en reste-t-il ?

L'ÉLÈVE

Deux.

LE PROFESSEUR

J'en mange une... une.

L'ÉLÈVE

Deux.

LE PROFESSEUR

Une.

I'ÉLÈVE

Deux.

LE PROFESSEUR

Une !

L'ÉLÈVE

Deux !

LE PROFESSEUR

Une !!!

L'ÉLÈVE

Deux !!!

LE PROFESSEUR

Une !!!

L'ÉLÈVE

Deux !!!

LE PROFESSEUR

Une !!!

L'ÉLÈVE

Deux !!!

LE PROFESSEUR

Non. Non. Ce n'est pas ça. L'exemple n'est pas... n'est pas convaincant. Écoutez-moi.

L'ÉLÈVE

Oui, monsieur.

LE PROFESSEUR

Vous avez... vous avez... vous avez...

L'ÉLÈVE

Dix doigts !...

LE PROFESSEUR

Si vous voulez. Parfait. Bon. Vous avez donc dix doigts.

L'ÉLÈVE

Oui, monsieur.

LE PROFESSEUR

Combien en auriez-vous, si vous en aviez cinq ?

L'ÉLÈVE

Dix, monsieur.

LE PROFESSEUR

Ce n'est pas ça !

L'ÉLÈVE

Si, monsieur.

LE PROFESSEUR

Je vous dis que non !

L'ÉLÈVE

Vous venez de me dire que j'en ai dix...

LE PROFESSEUR

Je vous ai dit aussi, tout de suite après, que vous en aviez cinq !

L'ÉLÈVE

Je n'en ai pas cinq, j'en ai dix !

LE PROFESSEUR

Procédons autrement... Limitons-nous aux nombres de un à cinq, pour la soustraction...

Attendez, mademoiselle, vous allez voir. Je vais vous faire comprendre. *(Le Professeur se met à écrire à un tableau noir imaginaire. Il l'approche de l'Élève, qui se retourne pour regarder.)* Voyez, mademoiselle. *(Il fait semblant de dessiner, au tableau noir, un bâton ; il fait semblant d'écrire au-dessous le chiffre 1 ; puis deux bâtons, sous lesquels il fait le chiffre 2, puis en dessous le chiffre 3, puis quatre bâtons au-dessous desquels il fait le chiffre 4.)* Vous voyez...

L'ÉLÈVE

Oui, monsieur.

LE PROFESSEUR

Ce sont des bâtons, mademoiselle, des bâtons. Ici, c'est un bâton ; là ce sont deux bâtons ; là, trois bâtons, puis quatre bâtons, puis cinq bâtons. Un bâton, deux bâtons, trois bâtons, quatre et cinq bâtons, ce sont des nombres. Quand on compte des bâtons, chaque bâton est une unité, mademoiselle... Qu'est-ce que je viens de dire ?

L'ÉLÈVE

« Une unité, mademoiselle ! Qu'est-ce que je viens de dire ? »

LE PROFESSEUR

Ou des chiffres ! ou des nombres ! Un, deux, trois, quatre, cinq, ce sont des éléments de la numération, mademoiselle.

L'ÉLÈVE, *hésitante.*

Oui, monsieur. Des éléments, des chiffres, qui sont des bâtons, des unités et des nombres...

LE PROFESSEUR

À la fois... C'est-à-dire, en définitive, toute l'arithmétique elle-même est là.

L'ÉLÈVE

Oui, monsieur. Bien, monsieur. Merci, monsieur.

LE PROFESSEUR

Alors, comptez, si vous voulez, en vous servant de ces éléments... additionnez et soustrayez...

L'ÉLÈVE, *comme pour imprimer dans sa mémoire.*

Les bâtons sont bien des chiffres et les nombres, des unités ?

LE PROFESSEUR

Hum... si l'on peut dire. Et alors ?

L'ÉLÈVE

On peut soustraire deux unités de trois unités, mais peut-on soustraire deux deux de trois
trois ? et deux chiffres de quatre nombres ? et
trois nombres d'une unité ?

LE PROFESSEUR

Non, mademoiselle.

L'ÉLÈVE

Pourquoi, monsieur ?

LE PROFESSEUR

Parce que, mademoiselle.

L'ÉLÈVE

Parce que quoi, monsieur ? Puisque les uns
sont bien les autres ?

LE PROFESSEUR

Il en est ainsi, mademoiselle. Ça ne s'expli-
que pas. Ça se comprend par un raisonnement
mathématique intérieur. On l'a ou on ne l'a
pas.

L'ÉLÈVE

Tant pis !

LE PROFESSEUR

Écoutez-moi, mademoiselle, si vous n'arrivez pas à comprendre profondément ces principes, ces archétypes arithmétiques, vous n'arriverez jamais à faire correctement un travail de polytechnicien. Encore moins ne pourra-t-on vous charger d'un cours à l'École polytechnique... ni à la maternelle supérieure. Je reconnais que ce n'est pas facile, c'est très, très abstrait... évidemment... mais comment pourriez-vous arriver, avant d'avoir bien approfondi les éléments premiers, à calculer mentalement combien font, et ceci est la moindre des choses pour un ingénieur moyen — combien font, par exemple, trois milliards sept cent cinquante-cinq millions neuf cent quatre-vingt-dix-huit mille deux cent cinquante et un, multiplié par cinq milliards cent soixante-deux millions trois cent trois mille cinq cent huit ?

L'ÉLÈVE, *très vite.*

Ça fait dix-neuf quintillions trois cent quatre-vingt-dix quadrillions deux trillions huit cent quarante-quatre milliards deux cent dix-neuf millions cent soixante-quatre mille cinq cent huit...

LE PROFESSEUR, *étonné.*

Non. Je ne pense pas. Ça doit faire dix-neuf quintillions trois cent quatre-vingt-dix quadrillions deux trillions huit cent quarante-quatre milliards deux cent dix-neuf millions cent soixante-quatre mille cinq cent neuf...

L'ÉLÈVE

... Non... cinq cent huit...

LE PROFESSEUR, *de plus en plus étonné,*
calcule mentalement.

Oui... Vous avez raison... le produit est bien... *(Il bredouille inintelligiblement.)...* quintillions, quadrillions, trillions, milliards, millions... *(Distinctement.)* ... cent soixante-quatre mille cinq cent huit... *(Stupéfait.)* Mais comment le savez-vous, si vous ne connaissez pas les principes du raisonnement arithmétique ?

L'ÉLÈVE

C'est simple. Ne pouvant me fier à mon raisonnement, j'ai appris par cœur tous les résultats possibles de toutes les multiplications possibles.

LE PROFESSEUR

C'est assez fort... Pourtant, vous me permettrez de vous avouer que cela ne me satisfait pas,

mademoiselle, et je ne vous féliciterai pas : en
mathématiques et en arithmétique tout spécia-
lement, ce qui compte — car en arithmétique il
faut toujours compter — ce qui compte, c'est
surtout de comprendre... C'est par un raisonnement mathématique, inductif et déductif à la
fois, que vous auriez dû trouver ce résultat —
ainsi que tout autre résultat. Les mathématiques
sont les ennemies acharnées de la mémoire, excellente par ailleurs, mais néfaste, arithmétique-
ment parlant !... Je ne suis donc pas content...
ça ne va donc pas, mais pas du tout...

L'ÉLÈVE, *désolée.*

Non, monsieur.

LE PROFESSEUR

Laissons cela pour le moment. Passons à un
autre genre d'exercice...

L'ÉLÈVE

Oui, monsieur.

LA BONNE, *entrant.*

Hum, hum, monsieur...

LE PROFESSEUR, *qui n'entend pas.*

C'est dommage, mademoiselle, que vous soyez
si peu avancée en mathématiques spéciales...

LA BONNE, *le tirant par la manche.*

Monsieur ! monsieur !

LE PROFESSEUR

Je crains que vous ne puissiez vous présenter au concours du doctorat total...

L'ÉLÈVE

Oui, monsieur, dommage !

LE PROFESSEUR

Au moins si vous... *(À la Bonne.)* Mais laissez-moi, Marie... Voyons, de quoi vous mêlez-vous ? À la cuisine ! À votre vaisselle ! Allez ! Allez ! *(À l'Élève.)* Nous tâcherons de vous préparer pour le passage, au moins, du doctorat partiel...

LA BONNE

Monsieur !... monsieur !...

Elle le tire par la manche.

LE PROFESSEUR, *à la Bonne.*

Mais lâchez-moi donc ! Lâchez-moi ! Qu'est-ce que ça veut dire ?... *(À l'Élève.)* Je dois donc vous enseigner, si vous tenez vraiment à vous présenter au doctorat partiel...

L'ÉLÈVE

Oui, monsieur.

LE PROFESSEUR

... Les éléments de la linguistique et de la philologie comparée...

LA BONNE

Non, monsieur, non !... Il ne faut pas !...

LE PROFESSEUR

Marie, vous exagérez !

LA BONNE

Monsieur, surtout pas de philologie, la philologie mène au pire...

L'ÉLÈVE, *étonnée.*

Au pire ? *(Souriant, un peu bête.)* En voilà une histoire !

LE PROFESSEUR, *à la Bonne.*

C'est trop fort ! Sortez !

LA BONNE

Bien, monsieur, bien. Mais vous ne direz pas que je ne vous ai pas averti ! La philologie mène au pire !

LE PROFESSEUR

Je suis majeur, Marie !

L'ÉLÈVE

Oui, monsieur.

LA BONNE

C'est comme vous voudrez !

Elle sort.

LE PROFESSEUR

Continuons, mademoiselle.

L'ÉLÈVE

Oui, monsieur.

LE PROFESSEUR

Je vais donc vous prier d'écouter avec la plus grande attention mon cours, tout préparé...

L'ÉLÈVE

Oui, monsieur.

LE PROFESSEUR

... Grâce auquel, en quinze minutes, vous pouvez acquérir les principes fondamentaux de la philologie linguistique et comparée des langues néo-espagnoles.

L'ÉLÈVE

Oui, monsieur, oh !

Elle frappe dans ses mains.

LE PROFESSEUR, *avec autorité.*

Silence ! Que veut dire cela ?

L'ÉLÈVE

Pardon, monsieur.

Lentement, elle remet ses mains sur la table.

LE PROFESSEUR

Silence ! *(Il se lève, se promène dans la chambre, les mains derrière le dos ; de temps en temps, il s'arrête, au milieu de la pièce ou auprès de l'Élève, et appuie ses paroles d'un geste de la main ; il pérore, sans trop charger ; l'Élève le suit du regard et a, parfois, certaine difficulté à le suivre car elle doit beaucoup tourner la tête ; une ou deux fois, pas plus, elle se retourne complètement.)* Ainsi donc, mademoiselle, l'espagnol est bien la langue mère d'où sont nées toutes les langues néo-espagnoles, dont l'espagnol, le latin, l'italien, notre français, le portugais, le roumain, le sarde ou sardanapale, l'espagnol et le néo-espagnol — et aussi, pour certains de ses aspects, le turc lui-même plus rapproché cependant du grec, ce qui est tout à fait logique, étant donné que la Turquie est voisine de la Grèce et la Grèce plus près de la Turquie que vous et moi : ceci n'est qu'une illustration de plus d'une loi linguistique très importante selon laquelle géographie et philologie sont sœurs jumelles... Vous pouvez prendre note, mademoiselle.

L'ÉLÈVE, *d'une voix éteinte.*

Oui, monsieur !

LE PROFESSEUR

Ce qui distingue les langues néo-espagnoles entre elles et leurs idiomes des autres groupes linguistiques, tels que le groupe des langues autrichiennes et néo-autrichiennes ou habsbourgiques, aussi bien que des groupes espérantiste, helvétique, monégasque, suisse, andorrien, basque, pelote, aussi bien encore que des groupes des langues diplomatique et technique — ce qui les distingue, dis-je, c'est leur ressemblance frappante qui fait qu'on a bien du mal à les distinguer l'une de l'autre — je parle des langues néo-espagnoles entre elles, que l'on arrive à distinguer, cependant, grâce à leurs caractères distinctifs, preuves absolument indiscutables de l'extraordinaire ressemblance, qui rend indiscutable leur communauté d'origine, et qui, en même temps, les différencie profondément — par le maintien des traits distinctifs dont je viens de parler.

L
L'ÉLÈVE

Oooh ! oouuii, monsieur !

LE PROFESSEUR

Mais ne nous attardons pas dans les généralités...

L'ÉLÈVE, *regrettant, séduite.*

Oh, monsieur...

LE PROFESSEUR

Cela a l'air de vous intéresser. Tant mieux, tant mieux.

L'ÉLÈVE

Oh, oui, monsieur...

LE PROFESSEUR

Ne vous inquiétez pas, mademoiselle. Nous y reviendrons plus tard... à moins que ce ne soit plus du tout. Qui pourrait le dire ?

L'ÉLÈVE, *enchantée, malgré tout.*

Oh, oui, monsieur.

LE PROFESSEUR

Toute langue, mademoiselle, sachez-le, souvenez-vous-en *jusqu'à l'heure de votre mort...*

L'ÉLÈVE

Oh ! oui, monsieur, jusqu'à l'heure de ma mort... Oui, monsieur...

LE PROFESSEUR

... et ceci est encore un principe fondamental, toute langue n'est en somme qu'un langage, ce qui implique nécessairement qu'elle se compose de sons, ou...

L'ÉLÈVE

Phonèmes...

LE PROFESSEUR

J'allais vous le dire. N'étalez donc pas votre savoir. Écoutez, plutôt.

L'ÉLÈVE

Bien, monsieur. Oui, monsieur.

LE PROFESSEUR

Les sons, mademoiselle, doivent être saisis au vol par les ailes pour qu'ils ne tombent pas dans les oreilles des sourds. Par conséquent, lorsque vous vous décidez d'articuler, il est recommandé, dans la mesure du possible, de lever très haut le cou et le menton, de vous élever sur la pointe des pieds, tenez, ainsi, vous voyez...

L'ÉLÈVE

Oui, monsieur.

LE PROFESSEUR

Taisez-vous. Restez assise, n'interrompez pas... Et d'émettre les sons très haut et de toute la force de vos poumons associée à celle de vos cordes vocales. Comme ceci : regardez : « papillon », « eurêka », « Trafalgar », « papi, papa ». De cette façon, les sons remplis d'un air chaud plus léger que l'air environnant voltigeront, voltigeront sans plus risquer de tomber dans les oreilles des sourds qui sont les véritables gouffres, les tombeaux des sonorités. Si vous émettez plusieurs sons à une vitesse accélérée, ceux-ci s'agripperont les uns aux autres automatiquement, constituant ainsi des syllabes, des mots, à la rigueur des phrases, c'est-à-dire des groupements plus ou moins importants, des assemblages purement irrationnels de sons, dénués de tout sens, mais justement pour cela capables de se maintenir sans danger à une altitude élevée dans les airs. Seuls, tombent les mots chargés de signification, alourdis par leur sens, qui finissent toujours par succomber, s'écrouler...

L'ÉLÈVE

... dans les oreilles des sourds.

LE PROFESSEUR

C'est ça, mais n'interrompez pas... et dans la pire confusion... Ou par crever comme des ballons. Ainsi donc, mademoiselle... (*L'Élève a soudain l'air de souffrir.*) Qu'avez-vous donc ?

L'ÉLÈVE

J'ai mal aux dents, monsieur.

LE PROFESSEUR

Ça n'a pas d'importance. Nous n'allons pas nous arrêter pour si peu de chose. Continuons...

L'ÉLÈVE, *qui aura l'air de souffrir
de plus en plus.*

Oui, monsieur.

LE PROFESSEUR

J'attire au passage votre attention sur les consonnes qui changent de nature en liaisons. Les *f* deviennent en ce cas des *v*, les *d* des *t*, les *g* des *k* et vice versa, comme dans les exemples que je vous signale : « trois heures, les enfants, le coq au vin, l'âge nouveau, voici la nuit ».

L'ÉLÈVE

J'ai mal aux dents.

LE PROFESSEUR

Continuons.

L'ÉLÈVE

Oui.

LE PROFESSEUR

Résumons : pour apprendre à prononcer, il faut des années et des années. Grâce à la science, nous pouvons y arriver en quelques minutes. Pour faire donc sortir les mots, les sons et tout ce que vous voudrez, sachez qu'il faut chasser impitoyablement l'air des poumons, ensuite le faire délicatement passer, en les effleurant, sur les cordes vocales qui, soudain, comme des harpes ou des feuillages sous le vent,

prochées les unes des autres, qu'on peut les
considérer comme de véritables cousines ger-
maines. Elles ont d'ailleurs la même mère : l'espagnole, avec un *e* muet. C'est pourquoi il est
si difficile de les distinguer l'une de l'autre.
C'est pourquoi il est si utile de bien prononcer,
d'éviter les défauts de prononciation. La prononciation à elle seule vaut tout un langage.
Une mauvaise prononciation peut vous jouer
des tours. À ce propos, permettez-moi, entre
parenthèses, de vous faire part d'un souvenir
personnel. *(Légère détente, le Professeur se laisse un
instant aller à ses souvenirs ; sa figure s'attendrit ; il
se reprendra vite.)* J'étais tout jeune, encore presque un enfant. Je faisais mon service militaire.
J'avais, au régiment, un camarade, vicomte, qui
avait un défaut de prononciation assez grave :
il ne pouvait pas prononcer la lettre *f.* Au lieu
de *f,* il disait *f.* Ainsi, au lieu de : « fontaine, je
ne boirai pas de ton eau », il disait : « fontaine,
je ne boirai pas de ton eau ». Il prononçait
« fille » au lieu de « fille », « Firmin » au lieu de
« Firmin », « fayot » au lieu de « fayot », « fichez-
moi la paix » au lieu de « fichez-moi la paix »,
« fatras » au lieu de « fatras », « fifi, fon, fafa »
au lieu de « fifi, fon, fafa » ; « Philippe » au lieu
de « Philippe » ; « fictoire » au lieu de « fictoire » ; « février » au lieu de « février » ; « mars-

avril » au lieu de « mars-avril », « Gérard de Nerval » et non pas, comme cela est correct, « Gérard de Nerval », « Mirabeau » au lieu de « Mirabeau », « etc. » au lieu de « etc. », et ainsi de suite « etc. » au lieu de « etc. », et ainsi de suite, etc. Seulement il avait la chance de pouvoir si bien cacher son défaut, grâce à des chapeaux, que l'on ne s'en apercevait pas.

L'ÉLÈVE

Oui. J'ai mal aux dents.

LE PROFESSEUR, *changeant brusquement de ton, d'une voix dure.*

Continuons. Précisons d'abord les ressemblances pour mieux saisir, par la suite, ce qui distingue toutes ces langues entre elles. Les différences ne sont guère saisissables aux personnes non averties. Ainsi, tous les mots de toutes ces langues.

L'ÉLÈVE

Ah oui ?.. J'ai mal aux dents.

LE PROFESSEUR

Continuons... sont toujours les mêmes, ainsi que toutes les désinences, tous les préfixes, tous les suffixes, toutes les racines...

L'ÉLÈVE

Les racines des mots sont-elles carrées ?

LE PROFESSEUR

Carrées ou cubiques. C'est selon.

L'ÉLÈVE

J'ai mal aux dents.

LE PROFESSEUR

Continuons. Ainsi, pour vous donner un exemple qui n'est guère qu'une illustration, prenez le mot front...

L'ÉLÈVE

Avec quoi le prendre ?

LE PROFESSEUR

Avec ce que vous voudrez, pourvu que vous le preniez, mais surtout n'interrompez pas.

L'ÉLÈVE

J'ai mal aux dents

LE PROFESSEUR

Continuons... J'ai dit : « Continuons. » Prenez donc le mot français front. L'avez-vous pris ?

L'ÉLÈVE

Oui, oui, ça y est. Mes dents, mes dents...

LE PROFESSEUR

Le mot front est racine dans frontispice. Il l'est aussi dans effronté. « Ispice » est suffixe, et « ef » préfixe. On les appelle ainsi parce qu'ils ne changent pas. Ils ne veulent pas.

L'ÉLÈVE

J'ai mal aux dents.

LE PROFESSEUR

Continuons. Vite. Ces préfixes sont d'origine espagnole, j'espère que vous vous en êtes aperçue, n'est-ce pas ?

L'ÉLÈVE

Ah ! ce que j'ai mal aux dents.

LE PROFESSEUR

Continuons. Vous avez également pu remarquer qu'ils n'avaient pas changé en français. Eh bien, mademoiselle, rien non plus ne réussit à les faire changer, ni en latin, ni en italien, ni en portugais, ni en sardanapale ou en sardanapali, ni en roumain, ni en néo-espagnol, ni en

espagnol, ni même en oriental : front, frontispice, effronté, toujours le même mot, inva-
riablement avec même racine, même suffixe,
même préfixe, dans toutes les langues énumé-
rées. Et c'est toujours pareil pour tous les mots.

L'ÉLÈVE

Dans toutes les langues, ces mots veulent dire
la même chose ? J'ai mal aux dents.

LE PROFESSEUR

Absolument. Comment en serait-il autrement ? De toute façon, vous avez toujours la
même signification, la même composition, la
même structure sonore non seulement pour ce
mot, mais pour tous les mots concevables, dans
toutes les langues. Car une même notion s'ex-
prime par un seul et même mot, et ses synony-
mes, dans tous les pays. Laissez donc vos dents.

L'ÉLÈVE

J'ai mal aux dents. Oui, oui et oui.

LE PROFESSEUR

Bien, continuons. Je vous dis continuons...
Comment dites-vous, par exemple, en français :
« les roses de ma grand-mère sont aussi jaunes
que mon grand-père qui était asiatique » ?

L'ÉLÈVE

J'ai mal, mal, mal aux dents.

LE PROFESSEUR

Continuons, continuons, dites quand même !

L'ÉLÈVE

En français ?

LE PROFESSEUR

En français.

L'ÉLÈVE

Euh... que je dise en français : « les roses de ma grand-mère sont... » ?

LE PROFESSEUR

« Aussi jaunes que mon grand-père qui était asiatique... »

L'ÉLÈVE

Eh bien, on dira, en français, je crois : « les roses... de ma... » comment dit-on « grand-mère », en français ?

LE PROFESSEUR

En français ? « Grand-mère ».

L'ÉLÈVE

« Les roses de ma grand-mère sont aussi...
jaunes », en français, ça se dit « jaunes » ?

LE PROFESSEUR

Oui, évidemment !

L'ÉLÈVE

« Sont aussi jaunes que mon grand-père
quand il se mettait en colère. »

LE PROFESSEUR

Non... « qui était a... »

L'ÉLÈVE

« ... siatique » ... J'ai mal aux dents.

LE PROFESSEUR

C'est cela.

L'ÉLÈVE

J'ai mal..

LE PROFESSEUR

Aux dents... tant pis... Continuons ! À présent, traduisez la même phrase en espagnol,
puis en néo-espagnol...

L'ÉLÈVE

En espagnol… ce sera : « les roses de ma grand-mère sont aussi jaunes que mon grand-père qui était asiatique ».

LE PROFESSEUR

Non. C'est faux.

L'ÉLÈVE

Et en néo-espagnol : « les roses de ma grand-mère sont aussi jaunes que mon grand-père qui était asiatique ».

LE PROFESSEUR

C'est faux. C'est faux. C'est faux. Vous avez fait l'inverse, vous avez pris l'espagnol pour du néo-espagnol, et le néo-espagnol pour de l'espagnol… Ah . non… c'est le contraire…

L'ÉLÈVE

J'ai mal aux dents. Vous vous embrouillez.

LE PROFESSEUR

C'est vous qui m'embrouillez. Soyez attentive et prenez note. Je vous dirai la phrase en espagnol, puis en néo-espagnol et, enfin, en latin. Vous répéterez après moi. Attention, car les

ressemblances sont grandes. Ce sont des ressemblances identiques. Écoutez, suivez bien...

L'ÉLÈVE

J'ai mal...

LE PROFESSEUR

... aux dents.

L'ÉLÈVE

Continuons... Ah !...

LE PROFESSEUR

... en espagnol : « les roses de ma grand-mère
sont aussi jaunes que mon grand-père qui était
asiatique » ; en latin : « les roses de ma grand-
mère sont aussi jaunes que mon grand-père qui
était asiatique ». Saisissez-vous les différences ?
Traduisez cela en... roumain.

L'ÉLÈVE

« Les... » comment dit-on « roses », en roumain ?

LE PROFESSEUR

Mais « roses », voyons.

L'ÉLÈVE

Ce n'est pas « roses » ? Ah, que j'ai mal aux
dents...

LE PROFESSEUR

Mais non, mais non, puisque « roses » est la traduction en oriental du mot français « roses », en espagnol « roses », vous saisissez ? En sardanapali « roses »...

L'ÉLÈVE

Excusez-moi, monsieur, mais... Oh, ce que j'ai mal aux dents... je ne saisis pas la différence.

LE PROFESSEUR

C'est pourtant bien simple ! Bien simple ! À condition d'avoir une certaine expérience, une expérience technique et une pratique de ces langues diverses, si diverses malgré qu'elles ne présentent que des caractères tout à fait identiques. Je vais tâcher de vous donner une clé...

L'ÉLÈVE

Mal aux dents...

LE PROFESSEUR

Ce qui différencie ces langues, ce ne sont ni les mots, qui sont les mêmes absolument, ni la structure de la phrase qui est partout pareille, ni l'intonation, qui ne présente pas de différences, ni le rythme du langage... ce qui les différencie... M'écoutez-vous ?

L'ÉLÈVE

J'ai mal aux dents.

LE PROFESSEUR

M'écoutez-vous, mademoiselle ? Aah ! nous allons nous fâcher.

L'ÉLÈVE

Vous m'embêtez, monsieur ! J'ai mal aux dents.

LE PROFESSEUR

Nom d'un caniche à barbe ! Écoutez-moi !

L'ÉLÈVE

Eh bien... oui... oui... allez-y...

LE PROFESSEUR

Ce qui les différencie les unes des autres, d'une part, et de l'espagnole, avec un *e* muet, leur mère, d'autre part... c'est...

L'ÉLÈVE, *grimaçante.*

C'est quoi ?

LE PROFESSEUR

C'est une chose ineffable. Un ineffable que l'on n'arrive à percevoir qu'au bout de très longtemps, avec beaucoup de peine et après une très longue expérience...

L'ÉLÈVE

Ah ?

LE PROFESSEUR

Oui, mademoiselle. On ne peut vous donner aucune règle. Il faut avoir du flair, et puis c'est tout. Mais pour en avoir, il faut étudier, étudier et encore étudier.

L'ÉLÈVE

Mal aux dents.

LE PROFESSEUR

Il y a tout de même quelques cas précis où les mots, d'une langue à l'autre, sont différents... mais on ne peut baser notre savoir là-dessus car ces cas sont, pour ainsi dire, exceptionnels.

L'ÉLÈVE

Ah, oui ?... Oh, monsieur, j'ai mal aux dents.

LE PROFESSEUR

N'interrompez pas ! Ne me mettez pas en colère ! Je ne répondrais plus de moi. Je disais donc... Ah, oui, les cas exceptionnels, dits de distinction facile... ou de distinction aisée... ou commode... si vous aimez mieux... je répète : si vous aimez, car je constate que vous ne m'écoutez plus...

L'ÉLÈVE

J'ai mal aux dents

LE PROFESSEUR

Je dis donc : dans certaines expressions, d'usage courant, certains mots diffèrent totalement d'une langue à l'autre, si bien que la langue employée est, en ce cas, sensiblement plus facile à identifier. Je vous donne un exemple : l'expression néo-espagnole célèbre à Madrid : « ma patrie est la Néo-Espagne », devient en italien : « ma patrie est...

L'ÉLÈVE

La Néo-Espagne. »

LE PROFESSEUR

Non ! « Ma patrie est l'Italie. » Dites-moi alors, par simple déduction, comment dites-vous « Italie », en français ?

L'ÉLÈVE

J'ai mal aux dents !

LE PROFESSEUR

C'est pourtant bien simple : pour le mot « Italie », en français nous avons le mot « France » qui en est la traduction exacte. « Ma patrie est la France. » Et « France » en oriental : « Orient » ! « Ma patrie est l'Orient. » Et « Orient » en portugais : « Portugal » ! L'expression orientale : « ma patrie est l'Orient » se traduit donc de cette façon en portugais : « ma patrie est le Portugal » ! Et ainsi de suite...

L'ÉLÈVE

Ça va ! Ça va ! J'ai mal...

LE PROFESSEUR

Aux dents ! Dents ! Dents !... Je vais vous les arracher, moi ! Encore un autre exemple. Le mot « capitale », « la capitale » revêt, suivant la langue que l'on parle, un sens différent. C'està-dire que, si un Espagnol dit : « J'habite la capitale », le mot « capitale » ne voudra pas dire du tout la même chose que ce qu'entend un Portugais lorsqu'il lui dit aussi : « j'habite dans la capitale ». À plus forte raison, un Français, un néo-Espagnol, un Roumain un Latin, un Sardanapali... Dès que vous entendez dire, mademoiselle, mademoiselle, je dis ça pour vous !

Merde alors ! Dès que vous entendez l'expression : « j'habite la capitale », vous saurez immédiatement et facilement si c'est de l'espagnol ou de l'espagnol, du néo-espagnol, du français, de l'oriental, du roumain, du latin, car il suffit de deviner quelle est la métropole à laquelle pense celui qui prononce la phrase... au moment même où il la prononce... mais ce sont à peu près les seuls exemples précis que je puisse vous donner...

L'ÉLÈVE

Oh, là, mes dents...

LE PROFESSEUR

Silence ! Ou je vous fracasse le crâne !

L'ÉLÈVE

Essayez donc ! Crâneur !

Le professeur lui prend le poignet, le tord.

L'ÉLÈVE

Aïe !

LE PROFESSEUR

Tenez-vous donc tranquille ! Pas un mot !

L'ÉLÈVE, *pleurnichant.*

Mal aux dents...

LE PROFESSEUR

La chose la plus… comment dirais-je ? la plus paradoxale… oui… c'est le mot… la chose la plus paradoxale, c'est qu'un tas de gens qui manquent complètement d'instruction parlent ces différentes langues… vous entendez ? Qu'est-ce que j'ai dit ?

L'ÉLÈVE

… parlent ces différentes langues ! Qu'est-ce que j'ai dit !

LE PROFESSEUR

Vous avez eu de la chance ! … Des gens du peuple parlent l'espagnol, farci de mots néo-espagnols qu'ils ne décèlent pas, tout en croyant parler le latin… ou bien ils parlent le latin, farci de mots orientaux, tout en croyant parler le roumain… ou l'espagnol, farci de néo-espagnol, tout en croyant parler le sardanapali, ou l'espagnol… Vous me comprenez ?

L'ÉLÈVE

Oui ! Oui ! Oui ! Oui ! Que voulez-vous de plus… ?

LE PROFESSEUR

Pas d'insolence, mignonne, ou gare à toi… *(En colère.)* Le comble, mademoiselle, c'est que

certains, par exemple, en un latin, qu'ils suppo-
sent espagnol, disent : « Je souffre de mes deux
foies à la fois », en s'adressant à un Français,
qui ne sait pas un mot d'espagnol ; pourtant
celui-ci le comprend aussi bien que si c'était
sa propre langue. D'ailleurs, il croit que c'est
sa propre langue. Et le Français répondra, en
français : « Moi aussi, monsieur, je souffre de
mes foies », et se fera parfaitement comprendre
par l'Espagnol, qui aura la certitude que c'est
en pur espagnol qu'on lui a répondu, et qu'on
parle espagnol... quand, en réalité, ce n'est ni
de l'espagnol ni du français, mais du latin à la
néo-espagnole... Tenez-vous donc tranquille,
mademoiselle, ne remuez plus les jambes, ne
tapez plus des pieds...

L'ÉLÈVE

J'ai mal aux dents.

LE PROFESSEUR

Comment se fait-il que, parlant sans savoir
quelle langue ils parlent, ou même croyant en
parler chacun une autre, les gens du peuple
s'entendent quand même entre eux ?

L'ÉLÈVE

Je me le demande.

LE PROFESSEUR

C'est simplement une des curiosités inexplicables de l'empirisme grossier du peuple — ne pas confondre avec l'expérience ! — un paradoxe, un non-sens, une des bizarreries de la nature humaine, c'est l'instinct, tout simplement, pour tout dire en un mot — c'est lui qui joue, ici.

L'ÉLÈVE

Ha ! Ha !

LE PROFESSEUR

Au lieu de regarder voler les mouches tandis que je me donne tout ce mal... vous feriez mieux de tâcher d'être plus attentive... ce n'est pas moi qui me présente au concours du doctorat partiel... je l'ai passé, moi, il y a longtemps... y compris mon doctorat total... et mon diplôme supra-total... Vous ne comprenez donc pas que je veux votre bien ?

L'ÉLÈVE

Mal aux dents !

LE PROFESSEUR

Mal élevée... Mais ça n'ira pas comme ça, pas comme ça, pas comme ça, pas comme ça...

L'ÉLÈVE

Je... vous... écoute..

LE PROFESSEUR

Ah ! Pour apprendre à distinguer toutes ces différentes langues, je vous ai dit qu'il n'y a rien de mieux que la pratique... Procédons par ordre. Je vais essayer de vous apprendre toutes les traductions du mot « couteau »

L'ÉLÈVE

C'est comme vous voulez... Après tout...

LE PROFESSEUR, *il appelle la Bonne*

Marie ! Marie ! Elle ne vient pas... Marie ! Marie !... Voyons, Marie. (*Il ouvre la porte, à droite.*) Marie !...

> *Il sort.*
> *L'Élève reste seule quelques instants,*
> *le regard dans le vide, l'air abruti*

LE PROFESSEUR, *voix criarde, dehors.*

Marie ! Qu'est-ce que ça veut dire ? Pourquoi ne venez-vous pas ! Quand je vous demande de venir, il faut venir ! (*Il rentre, suivi de Marie.*) C'est moi qui commande, vous m'entendez. (*Il*

montre l'Élève.) Elle ne comprend rien, celle-là
Elle ne comprend pas !

LA BONNE

Ne vous mettez pas dans cet état, monsieur,
gare à la fin ! Ça vous mènera loin, ça vous
mènera loin tout ça.

LE PROFESSEUR

Je saurai m'arrêter à temps.

LA BONNE

On le dit toujours. Je voudrais bien voir ça.

L'ÉLÈVE

J'ai mal aux dents.

LA BONNE

Vous voyez, ça commence, c'est le symptôme !

LE PROFESSEUR

Quel symptôme ? Expliquez-vous ! Que
voulez-vous dire ?

L'ÉLÈVE, *d'une voix molle.*

Oui, que voulez-vous dire ? J'ai mal aux dents.

LA BONNE

Le symptôme final ! Le grand symptôme !

LE PROFESSEUR

Sottises ! Sottises ! Sottises ! *(La Bonne veut s'en aller.)* Ne partez pas comme ça ! Je vous appelais pour aller me chercher les couteaux espagnol, néo-espagnol, portugais, français, oriental, roumain, sardanapali, latin et espagnol.

LA BONNE, *sévère.*

Ne comptez pas sur moi.

Elle s'en va.

LE PROFESSEUR, *geste, il veut protester,*
se retient, un peu désemparé.
Soudain, il se rappelle.

Ah ! *(Il va vite vers le tiroir, y découvre un grand couteau invisible, ou réel, selon le goût du metteur en scène, le saisit, le brandit, tout joyeux.)* En voilà un, mademoiselle, voilà un couteau. C'est dommage qu'il n'y ait que celui-là ; mais nous allons tâcher de nous en servir pour toutes les langues ! Il suffira que vous prononciez le mot « couteau » dans toutes les langues, en regardant l'objet, de très près, fixement, et vous imaginant qu'il est de la langue que vous dites.

L'ÉLÈVE

J'ai mal aux dents.

LE PROFESSEUR,
chantant presque, mélopée.

Alors : dites, « cou », comme « cou », « teau »,
comme « teau » ... Et regardez, regardez, fixez
bien...

L'ÉLÈVE

C'est du quoi, ça ? Du français, de l'italien,
de l'espagnol ?

LE PROFESSEUR

Ça n'a plus d'importance... Ça ne vous regarde pas. Dites : « cou ».

L'ÉLÈVE

« Cou. »

LE PROFESSEUR

« ... teau » ... Regardez.

Il brandit le couteau sous les yeux de l'Élève.

L'ÉLÈVE

« teau »...

LE PROFESSEUR

Encore... Regardez.

L'ÉLÈVE

Ah, non ! Zut alors ! J'en ai assez ! Et puis j'ai mal aux dents, j'ai mal aux pieds, j'ai mal à la tête...

LE PROFESSEUR, *saccadé.*

« Couteau »... Regardez... « couteau »... Regardez... « couteau »... Regardez...

L'ÉLÈVE

Vous me faites mal aux oreilles, aussi. Vous avez une voix ! Oh, qu'elle est stridente !

LE PROFESSEUR

Dites : « couteau... cou... teau... »

L'ÉLÈVE

Non ! J'ai mal aux oreilles, j'ai mal partout...

LE PROFESSEUR

Je vais te les arracher, moi, tes oreilles, comme ça elles ne te feront plus mal, ma mignonne !

L'ÉLÈVE

Ah... c'est vous qui me faites mal...

LE PROFESSEUR

Regardez, allons, vite, répétez : « cou »...

L'ÉLÈVE

Ah, si vous y tenez... « cou... couteau »... (*Un instant lucide, ironique.*) C'est du néo-espagnol...

LE PROFESSEUR

Si l'on veut, oui, du néo-espagnol, mais dépêchez-vous... nous n'avons pas le temps... Et puis, qu'est-ce que c'est que cette question inutile ? Qu'est-ce que vous vous permettez ?

L'ÉLÈVE, *doit être de plus en plus fatiguée,*
pleurante, désespérée,
à la fois extasiée et exaspérée.

Ah !

LE PROFESSEUR

Répétez, regardez. (*Il fait comme le coucou.*) « Couteau... couteau... couteau... couteau... »

L'ÉLÈVE

Ah, j'ai mal... ma tête... (*Elle effleure de la main, comme pour une caresse, les parties du corps qu'elle nomme.*)... mes yeux...

LE PROFESSEUR, *comme le coucou.*

« Couteau... couteau... »

*Ils sont tous les deux debout ; lui,
brandissant toujours son couteau invisible, presque hors de lui, tourne
autour d'elle, en une sorte de danse
du scalp, mais il ne faut rien exagé-
rer et les pas de danse du Professeur
doivent être à peine esquissés ; l'Élève,
debout, face au public, se dirige, à re-
culons, en direction de la fenêtre, ma-
ladive, langoureuse, envoûtée...*

LE PROFESSEUR

Répétez, répétez : « couteau... couteau...
couteau... »

L'ÉLÈVE

J'ai mal... ma gorge, « cou... » ah... mes
épaules... mes seins... « couteau... »

LE PROFESSEUR

« Couteau... couteau... couteau... »

L'ÉLÈVE

Mes hanches... « couteau... » mes cuisses...
« cou... »

LE PROFESSEUR

Prononcez bien... « couteau... couteau... »

L'ÉLÈVE

« Couteau... » ma gorge...

LE PROFESSEUR

« Couteau... couteau... »

L'ÉLÈVE

« Couteau... » mes épaules... mes bras, mes seins, mes hanches... « couteau... couteau... »

LE PROFESSEUR

C'est ça... Vous prononcez bien, maintenant...

L'ÉLÈVE

« Couteau... » mes seins... mon ventre...

LE PROFESSEUR, *changement de voix.*

Attention... ne cassez pas mes carreaux... **le** couteau tue...

L'ÉLÈVE, *d'une voix faible.*

Oui, oui... le couteau tue ?

LE PROFESSEUR *tue l'Élève d'un grand coup de couteau bien spectaculaire.*

Aaah ! tiens !

*Elle crie aussi : « Aaah ! » puis
tombe, s'affale en une attitude impu-
dique sur une chaise qui, comme par
hasard, se trouvait près de la fenêtre ;
ils crient : « Aaah ! » en même temps,
le meurtrier et la victime ; après le
premier coup de couteau, l'Élève est
affalée sur la chaise ; les jambes, très
écartées, pendent des deux côtés de la
chaise ; le Professeur se tient debout,
en face d'elle, le dos au public ;
après le premier coup de couteau, il
frappe l'Élève morte d'un second coup
de couteau, de bas en haut, à la suite
duquel le Professeur a un soubresaut
bien visible, de tout son corps.*

LE PROFESSEUR, *essoufflé, bredouille.*

Salope... C'est bien fait.   Ça me fait du
bien... Ah ! Ah ! je suis fatigué... j'ai de la
peine à respirer... Aah !

*Il respire difficilement ; il tombe,
heureusement une chaise est là ; il
s'éponge le front, bredouille des mots
incompréhensibles ; sa respiration se
normalise... Il se relève, regarde son
couteau à la main, regarde la jeune
fille, puis comme s'il se réveillait :*

LE PROFESSEUR, *pris de panique.*

Qu'est-ce que j'ai fait ! Qu'est-ce qui va m'arriver maintenant ! Qu'est-ce qui va se passer ! Ah ! là ! là ! Malheur ! mademoiselle, mademoiselle, levez-vous ! *(Il s'agite, tenant toujours à la main le couteau invisible dont il ne sait que faire.)* Voyons, mademoiselle, la leçon est terminée... Vous pouvez partir... vous paierez une autre fois... Ah ! elle est morte... mo-orte... C'est avec mon couteau... Elle est mo-orte... C'est terrible. *(Il appelle la Bonne.)* Marie ! Marie ! Ma chère Marie, venez donc ! Ah ! Ah ! *(La porte à droite s'entrouvre. Marie apparaît.)* Non... ne venez pas... Je me suis trompé... Je n'ai pas besoin de vous, Marie... je n'ai plus besoin de vous... vous m'entendez ?...

> *Marie s'approche, sévère, sans mot dire, voit le cadavre.*

LE PROFESSEUR, *d'une voix de moins en moins assurée.*

Je n'ai pas besoin de vous, Marie...

LA BONNE, *sarcastique.*

Alors, vous êtes content de votre élève, elle a bien profité de votre leçon ?

LE PROFESSEUR,
il cache son couteau derrière son dos.

Oui, la leçon est finie... mais... elle... elle est encore là... elle ne veut pas partir...

LA BONNE, *très dure.*

En effet !...

LE PROFESSEUR, *tremblotant.*

Ce n'est pas moi... Ce n'est pas moi... Marie... Non... Je vous assure... ce n'est pas moi, ma petite Marie...

LA BONNE

Mais qui donc ? Qui donc alors ? Moi ?

LE PROFESSEUR

Je ne sais pas... peut-être...

LA BONNE

Ou le chat ?

LE PROFESSEUR

C'est possible... Je ne sais pas...

LA BONNE

Et c'est la quarantième fois, aujourd'hui !... Et tous les jours c'est la même chose ! Tous les

jours ! Vous n'avez pas honte, à votre âge...
mais vous allez vous rendre malade ! Il ne vous
restera plus d'élèves. Ça sera bien fait.

LE PROFESSEUR, *irrité.*

Ce n'est pas ma faute ! Elle ne voulait pas
apprendre ! Elle était désobéissante. C'était une
mauvaise élève ! Elle ne voulait pas apprendre !

LA BONNE

Menteur !...

LE PROFESSEUR, *s'approche sournoisement*
de la Bonne, le couteau derrière son dos.

Ça ne vous regarde pas ! (*Il essaie de lui donner*
un formidable coup de couteau ; la Bonne lui saisit le
poignet au vol, le lui tord ; le Professeur laisse tomber
par terre son arme.)... Pardon !

LA BONNE *gifle, par deux fois, avec bruit*
et force, le Professeur qui tombe sur le
plancher, sur son derrière ; il pleurniche.

Petit assassin ! Salaud ! Petit dégoûtant ! Vous
vouliez me faire ça à moi ? Je ne suis pas une
de vos élèves, moi ! (*Elle le relève par le collet,*
ramasse la calotte qu'elle lui met sur la tête ; il a peur
d'être encore giflé et se protège du coude comme les
enfants.) Mettez ce couteau à sa place, allez ! (*Le*

Professeur va le mettre dans le tiroir du buffet, revient.) Et je vous avais bien averti, pourtant, tout à l'heure encore : l'arithmétique mène à la philologie, et la philologie mène au crime...

LE PROFESSEUR

Vous aviez dit : « au pire » !

LA BONNE

C'est pareil.

LE PROFESSEUR

J'avais mal compris. Je croyais que « Pire » c'est une ville et que vous vouliez dire que la philologie menait à la ville de Pire...

LA BONNE

Menteur ! Vieux renard ! Un savant comme vous ne se méprend pas sur le sens des mots. Faut pas me la faire.

LE PROFESSEUR, *sanglote.*

Je n'ai pas fait exprès de la tuer !

LA BONNE

Au moins, vous le regrettez ?

LE PROFESSEUR

Oh, oui, Marie, je vous le jure !

LA BONNE

Vous me faites pitié, tenez ! Ah ! vous êtes un brave garçon quand même ! On va tâcher d'arranger ça. Mais ne recommencez pas... Ça peut vous donner une maladie de cœur...

LE PROFESSEUR

Oui, Marie ! Qu'est-ce qu'on va faire, alors ?

LA BONNE

On va l'enterrer... en même temps que les trente-neuf autres... ça va faire quarante cercueils... On va appeler les pompes funèbres et mon amoureux, le curé Auguste... On va commander des couronnes...

LE PROFESSEUR

Oui, Marie, merci bien.

LA BONNE

Au fait. Ce n'est même pas la peine d'appeler Auguste, puisque vous-même vous êtes un peu curé à vos heures, si on en croit la rumeur publique.

LE PROFESSEUR

Pas trop chères, tout de même, les couronnes. Elle n'a pas payé sa leçon.

LA BONNE

Ne vous inquiétez pas... Couvrez-la au moins avec son tablier, elle est indécente. Et puis on va l'emporter...

LE PROFESSEUR

Oui, Marie, oui. *(Il la couvre.)* On risque de se faire pincer... avec quarante cercueils... Vous vous imaginez... Les gens seront étonnés. Si on nous demande ce qu'il y a dedans ?

LA BONNE

Ne vous faites donc pas tant de soucis. On dira qu'ils sont vides. D'ailleurs, les gens ne demanderont rien, ils sont habitués[*].

LE PROFESSEUR

Quand même.

LA BONNE, *elle sort un brassard portant un insigne, peut-être la svastika nazie.*

Tenez, si vous avez peur, mettez ceci, vous n'aurez plus rien à craindre. *(Elle lui attache le brassard autour du bras.)...* C'est politique.

---

[*] À Paris, à la représentation, on a supprimé les deux répliques qui suivent, ainsi que le brassard, pour ne pas ralentir le rythme. (Note de l'auteur.)

LE PROFESSEUR

Merci, ma petite Marie ; comme ça, je suis tranquille... Vous êtes une bonne fille, Marie... bien dévouée...

LA BONNE

Ça va. Allez-y, monsieur. Ça y est ?

LE PROFESSEUR

Oui, ma petite Marie. (*La Bonne et le Professeur prennent le corps de la jeune fille, l'une par les épaules, l'autre par les jambes, et se dirigent vers la porte de droite.*) Attention. Ne lui faites pas de mal.

> *Ils sortent.*
> *Scène vide, pendant quelques ins-*
> *tants. On entend sonner à la porte de*
> *gauche.*

VOIX DE LA BONNE

Tout de suite, j'arrive !

> *Elle apparaît tout comme au début,*
> *va vers la porte. Deuxième coup de*
> *sonnette.*

LA BONNE, *à part.*

Elle est bien pressée, celle-là ! (*Fort.*) Patience ! (*Elle va vers la porte de gauche, l'ouvre.*) Bonjour,

mademoiselle ! Vous êtes la nouvelle élève ?
Vous êtes venue pour la leçon ? Le Professeur
vous attend. Je vais lui annoncer votre arrivée.
Il descend tout de suite ! Entrez donc, entrez,
mademoiselle* !

Juin 1950.

RIDEAU

* À la représentation de *La Leçon*, avant le lever du rideau, on
entend quelques coups de marteau succédant aux trois coups
annonçant le commencement du spectacle et qui continuent
quelques secondes pendant que le plateau est vide. Puis, lorsque,
dans la première scène, la Bonne se précipite pour ouvrir à
l'Élève, elle ramasse vite, sans s'interrompre dans son élan, un
cahier, un cartable qui se trouvent sur la table, et les jette dans
un coin où d'autres cahiers, etc., sont entassés. Enfin, à la toute
dernière scène, en allant ouvrir la porte à la nouvelle élève que
l'on entend sonner, la Bonne prend et jette, dans le même coin,
le cahier, le cartable de l'Élève qui vient d'être assassinée ; lorsque le rideau tombe, quelques coups de marteau peuvent encore
se faire entendre. (Note de l'auteur.)

DU MÊME AUTEUR

LA PHOTO DU COLONEL, *nouvelles* (L'Imaginaire n° 473)

LE ROI SE MEURT, 1963, coll. «Le Manteau d'Arlequin» (Folio n° 361 ; Folio Théâtre n° 42 et Classico lycée n° 43)

LA CANTATRICE CHAUVE. Anti-pièce. Suivi d'une scène inédite. Interprétation typographique de Massin et photographies d'Henry Cohen, d'après la mise en scène de Nicolas Bataille et avec le concours des comédiens du Théâtre de la Huchette, 1964

DÉLIRE À DEUX. Essai de calligraphie sonore par Massin d'après l'interprétation de Tsilla Chelton et de Jean-Louis Barrault à l'Odéon-Théâtre de France, 1966, coll. «La Lettre et l'Esprit»

LA CANTATRICE CHAUVE – LA LEÇON, 1970, coll. «Le Manteau d'Arlequin» (Folio n° 236)

JEUX DE MASSACRE, 1970, coll. «Le Manteau d'Arlequin». Nouvelle édition en 1981, avec des illustrations de Marika Hodjis (Hors série Luxe)

DISCOURS DE RÉCEPTION À L'ACADÉMIE FRANÇAISE ET RÉPONSE DE JEAN DELAY, 1971

MACBETT, 1972, coll. «Le Manteau d'Arlequin» (Folio n° 694 et Folio Théâtre n° 121)

LES CHAISES. Farce tragique *suivi de* L'IMPROMPTU DE L'ALMA OU LE CAMÉLÉON DU BERGER, 1973 (Folio n° 401)

CE FORMIDABLE BORDEL !, 1973, coll. «Le Manteau d'Arlequin»

TUEUR SANS GAGES, 1974 (Folio n° 576 ; Folio Théâtre n° 82)

ANTIDOTES, *essai*, 1977

UN HOMME EN QUESTION, *essai*, 1979

HUGOLIADE, *roman*, traduit du roumain par Dragomir Costineanu, avec la participation de Marie-France Ionesco, postface de Gelu Ionesco, 1982

LE BLANC ET LE NOIR, *roman*, 1985

NON, *essai*, traduit du roumain par Marie-France Ionesco, préface d'Eugen Simion, avant-propos d'Eugène Ionesco, postface d'Ileana Gregori, 1986

LA QUÊTE INTERMITTENTE, *mémoire*, 1987

VICTIMES DU DEVOIR. Pseudo-drame, 1990 (Folio nº 2209; Folio Théâtre nº 68)

LA CANTATRICE CHAUVE, 1993 (Folio Théâtre nº 4; La Bibliothèque Gallimard nº 11 et Classico lycée nº 20)

LA LEÇON, 1994 (Folio Théâtre nº 11)

LES CHAISES, 1996 (Folio Théâtre nº 32)

ENTRE LA VIE ET LE RÊVE. Entretiens avec Claude Bonnefoy, 1996

JACQUES OU LA SOUMISSION – L'AVENIR EST DANS LES ŒUFS, 2008 (Folio Théâtre nº 114)

TROIS NOUVELLES COMIQUES, avec Alphonse Allais et Marcel Aymé, *lecture accompagnée par Stéphane Chomienne* (La Bibliothèque Gallimard nº 195)

Dans la Bibliothèque de La Pléiade

THÉÂTRE COMPLET. Édition d'Emmanuel Jacquart, 1991

Aux Éditions Gallimard Jeunesse

CONTE Nº 1, illustrations d'Étienne Delessert, 1983 (Folio Benjamin nº 80)

CONTE Nº 2, illustrations d'Étienne Delessert, 1983 (Folio Benjamin nº 81)

CONTE N° 3, illustrations d'Étienne Delessert, 1985 (Folio Benjamin n° 138)

CONTE N° 4, illustrations d'Étienne Delessert, 1985 (Folio Benjamin n° 139)

LE ROI SE MEURT, contient un *Petit carnet de mise en scène* de Jacques Mauclair, 2001 (Folio junior théâtre n° 1133)

CONTES N° 1 ET 2 POUR ENFANTS DE MOINS DE TROIS ANS, illustrations d'Étienne Delessert, 2002 (Folio Benjamin n° 64)

Au Mercure de France

JOURNAL EN MIETTES, *mémoires*, Mercure de France, 1967 (Folio Essais n° 211)

PRÉSENT PASSÉ, PASSÉ PRÉSENT, *mémoires*, Mercure de France, 1968 (Idées n° 343)

LE SOLITAIRE, *roman*, Mercure de France, 1973 (Folio n° 827)

RUPTURE DE SILENCE. Rencontres avec André Coutin, Mercure de France, 1995

COLLECTION FOLIO

Dernières parutions

Impression Novoprint
à Barcelone , le 10 juillet 2013
Dépot légal : juillet 2013
Premier depôt légal dans la collection : octobre 1992

ISBN 978-2-07-036236-3 /Imprimé en Espagne.